互联网教育运营与管理

模式定位 + 课程制作 + 运营推广

李守凯 著

U0319634

化学工业出版社

· 北 京 ·

内 容 简 介

信息化技术已经渗透到社会各个方面，而互联网教育正在颠覆着传统教育，本书全面、系统地阐述了互联网教育（平台）的创建、运营和管理。

全书共9章，主要介绍了互联网浪潮下教育行业的发展态势，以及互联网教育的定义、内容、构成、优劣势等；互联网教育的市场需求和分析，包括前景分析、用户画像分析和细分市场分析；互联网教育平台的模式定位，包括经营模式、授课模式以及盈利模式；互联网课程的开发，即在线课程的制作、策划与设计；在线教育平台搭建的优势、作用、设计和关键点；在线教育平台的运营，包括产品运营、内容运营、学员运营和活动运营的具体方法、技巧和案例分析，以提高平台品牌影响力，扩大平台知名度和美誉度；平台的宣传推广，包括线上和线下的推广模式、方法和侧重点，重在打造高知名度的在线教育品牌；平台技术的应用，总结了平台运营管理中涉及的VR/AR技术、人工智能技术和自适应学习技术等的特点和具体应用；最后分享了多个不同类型的互联网教育类企业的成功运营案例供读者参考。

本书适合从事互联网教育和在线教育的培训人员、讲师、运营和推广人员、管理人员阅读，也可供对互联网教育感兴趣的大众读者阅读。

图书在版编目（CIP）数据

互联网教育运营与管理：模式定位＋课程制作＋运营
推广 / 李守凯著. — 北京：化学工业出版社，2022.9
ISBN 978-7-122-41206-5

Ⅰ. ①互… Ⅱ. ①李… Ⅲ. ①网络教育－教育组织机
构－运营管理 Ⅳ. ①G434

中国版本图书馆 CIP 数据核字（2022）第 060601 号

责任编辑：卢萌萌　　　　　　　　　　　加工编辑：李　曦
责任校对：刘曦阳　　　　　　　　　　　装帧设计：水长流文化

出版发行：化学工业出版社（北京市东城区青年湖南街 13 号　邮政编码 100011）
印　　装：大厂聚鑫印刷有限责任公司
710mm×1000mm　1/16　印张 12½　字数 192 千字　2023 年 2 月北京第 1 版第 1 次印刷

购书咨询：010-64518888　　　　　　　　售后服务：010-64518899
网　　址：http://www.cip.com.cn
凡购买本书，如有缺损质量问题，本社销售中心负责调换。

定　　价：59.00 元

前言

互联网深刻地改变了大众的生产、生活、工作和学习，同时在教育领域也产生了非常大的影响，使教育由传统的线下教育逐渐向线上转变。而且随着互联网技术的日益成熟、智能设备的普及，以及大众线上获取知识习惯的养成，"互联网+教育"已经势在必行。

"互联网+教育"起步于2013年，资本暗流涌动进入教育市场，仅一年就新增数千家教育机构，众多传统学校也寻求转型。2014年是"中国在线教育元年"，在线教育呈鼎沸之势，关于传统教育即将被颠覆的传闻甚多。2020年新型冠状病毒肺炎疫情的暴发，使线下教育面临诸多困难，很多学校、教育机构不得不以线上教育来替代线下教育。

同时，2020年也是在线教育行业重新进行全面复盘与梳理的一年，对在线教育的核算范围和口径进行了相应调整，互联网教育的优势进一步展现出来。互联网教育优势体现在多个方面，无论教育机构还是学员都大大受益。比如，提升教学质量，打破时空的限制，促进教育资源的优化配置等，这也使得互联网教育市场前景被大大看好。

综上所述，我国互联网教育市场大趋势向好，体制更加规范，盈利空间很大，除了学前教育、K9教育进入一个短暂的冰冷期外，其他领域均平稳发展。本书详细地阐述了互联网教育及其相关内容，目的就是让在线教育从业者、创业新人通过本书学习到应有的知识，找到投资机会，规避误区，实现差异化、个性化经营与管理。全书共9章，分别介绍了互联网教育的基本情况、与传统教育的差别、市场分析、模式定位、课程开发、平台搭建、平台运营、品牌推广、技术应用及实例分析等内容。

本书语言通俗易懂，图文并茂，十分有利于阅读，没有死板的理论推导，只有具体方法、步骤和技巧，紧贴实战，同时结合大量实例进行分析，便于读者用最短的时间学习书中的方法和技巧。

本书主要适合两部分人阅读，一部分是本来从事传统教学，但由于业务的转变，不得不转向互联网教育领域的人员，这部分人以学校工作人员为主；另一部分是直接步入互联网教育领域的创业者、管理者和运营人员，这部分人以校外培训机构、培训中心人员为主。

受限于作者写作水平、著书时间，本书可能会存在不足及疏漏之处，恳请广大读者批评指正。再加上近两年国家对互联网教育政策的频繁调整，书中的一些理论、观点以及选用案例有可能不适合未来形势，还望读者在阅读过程中酌情识别。

著者

目录

第 1 章

互联网+教育：用互联网思维重构传统教育

第 2 章

市场分析：选择最适合的投资领域

第 **3** 章

模式定位：构建在线教育平台的基本框架

第 **4** 章

课程开发：打造高品质的在线课堂

第**5**章

平台搭建：提供最便捷的教学媒介

第**6**章

平台运营：对平台进行最科学的管理

第 **7** 章

品牌推广：助推产品向更大市场传播

第 **8** 章

技术应用：教育行业中互联网技术的应用

第 **9** 章

案例分析：在线教育平台经营管理实战

互联网＋教育:
用互联网思维重构传统教育

随着互联网和5G网络的发展，"互联网＋教育"已经非常普及，互联网思维正在深刻地改变着传统教育。对于从事教育的人而言，必须对互联网有清晰的了解，懂得运用互联网资源、互联网思维开展教育工作。

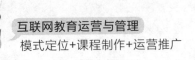
1.1

互联网教育的崛起与发展

互联网教育实现了教育与互联网技术的深度融合，成为备受青睐的一种教育形式，已经深入人心。互联网教育坚持以教育资源共享和应用服务为中心，突出以学员为主体，对提升课堂效率、提高学员学习质量有很大帮助。

20世纪90年代，互联网刚刚兴起时，互联网教育就开始崭露头角，但发展前景不容乐观。其主要原因在于互联网技术不成熟、电脑普及率低、网民无法接受在线付费教育模式等。当时，各大网校以录播的形式上传视频至互联网平台，学员通过平台学习知识，由于可操作性差、师生缺少互动等劣势，受众面比较小。

2000年后，互联网远程教育被教育部批准，在全国各大高校试点运营。当时，互联网录播技术有了全新的发展，线下教育引入了多媒体技术，使得少部分传统教育由线下转到了线上。然而，这个阶段的在线教育发展得也不顺利，仍存在盈利艰难、技术升级缓慢、教学形式单一等问题。

直到2011年，互联网教育才有了飞跃式发展。很多互联网软件开发与应用公司开始将投资目光转移到移动端，并投入大量资金和技术加快升级，实现移动端与PC端间的联通，进而延伸出小班课、大班课、1V1等多种模式。

2014年、2015年互联网教育普及度大大提高，尤其是2015年后，整个互联网教育行业发展进入高潮，大量资本涌入互联网教育领域。2020年后，由于新冠肺炎疫情的暴发，大量培训机构、学校的教学活动不得不转向线上，在线教育得到了空前的发展，其规模也得到了前所未有的扩大。中小学学校教育、高等教育、成人教育、职业教育、技能培训在线平台如雨后春笋般兴起，新式教育成为主流，课程教学、学习方法、师生互动都有了全新的发展。

1.2

互联网教育的定义、内容

1.2.1　互联网教育的定义

互联网时代最核心的资源就是信息，互联网的快速发展引发了一场信息革命。这场革命颠覆了诸多传统领域，深刻影响着人们的生产、生活、学习。与此同时，其对教育领域的影响最为深刻，互联网教育的大规模发展就是明证。

那么，什么是互联网教育呢？顾名思义是"互联网+教育"的合体，是随着现代网络技术的不断发展，互联网技术与教育领域相结合后产生的一种新教育形式。从本质上讲，互联网教育是在尊重教育本质的基础上，用互联网思维、手段及模式对传统教学模式、内容、工具、方法进行重塑的一个过程。

1.2.2　互联网教育的内容

互联网教育是互联网技术与传统教育相结合的产物，但绝非两者的简单相加。它不仅要求实现线上教和线上学，还要求对传统教育进行底层重构。从这个角度看，互联网教育包含的内容非常多，是全方位、多层面的，非常复杂。当然，这个与其所开展的具体业务有关，但至少应包括5个方面，如图1-1所示。

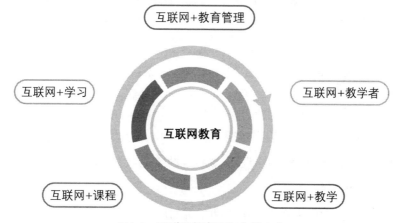

图1-1　互联网教育所包含的内容

（1）互联网+教育管理

"互联网+教育管理"可以理解为教育管理的信息化，可以从狭义和广义两个概念去理解。狭义概念表现为信息的网上发布，档案的电子归集，"无纸化办公"等，即将传统的纸质信息，经过简单加工变为电子信息。信息还是那些信息，只是介质发生了变化，本质上并没有变化。

广义概念是指从管理科学的角度，依照系统论和互联网思维，从底层重构教育信息管理的方法、流程等现代化管理方式。

（2）互联网+教学者

教学者是教育的核心，在互联网教育中，最先做出改变的是教学者。"互联网+教学者"就是要培养一批富有互联网思维的教学者，传统教学者要积极适应和转型，应对新形态，迎接新挑战。

"互联网+教学者"具体包括3个方面内容，如表1-1所列。

表1-1　"互联网+教学者"包含的内容

内容列项	具体内容
具有互联网思维	教学者在专业上必须植入"互联网基因"，具有利用互联网思维解决问题的能力，掌握信息技术应用能力，提升信息技术教学技能
具有互联网教学能力	要适应课程的"互联网化"，要能够实现从固定时空教学到在线教学，从单一模式教学向多种模式或混合模式教学转变
适应新型教育模式	类似"教学众筹"的新型教育行为模式，教学者要有筹划和参与的能力。互联网教育在未来会出现更多新型教育模式，在新模式下可以使教学影响力发挥到极致

（3）互联网+教学

互联网教育与传统教育最大的区别就是教学形式上的改变。有了互联网技术的加持，教学已不再局限于特定场所、特定时间，教学的外在形式和组织形态也发生了很大变化，没有教室、没有课桌、没有人数限制，这都可以是"互联网+教学"的新形态。

另外，传统教学中由教学者组织和主讲的形态，可以变成学员打破时空限制的自主学习，以及充分利用互联网资源进行探究学习，如翻转课堂等。在这样的组织形态下，可以实现教学者的差异化教学和学员的个性化学习。

（4）互联网+课程

依托互联网技术，知识量急剧膨胀，知识更新速度空前加快，出现了"知识爆炸"的现象。在信息化时代中，互联网教育不得不面对飞速增长的知识、技术，以及与单位时间内可传递有限知识间的挑战。

因此，互联网教育必须充分发挥互联网在信息资源上的丰富优势，并将其快速融入正在开展的教学活动中。因此，互联网将大大拓展课程范畴，让课程内容、课程外在形态、课程呈现方式出现颠覆性变化。

（5）互联网+学习

对于学员而言，依托互联网可实现多层面的学习。这种学习不仅是随时随地学习的表象，更是学习观念、学习形态的巨大转变。"互联网+学习"有4个主要特征，如图1-2所示。

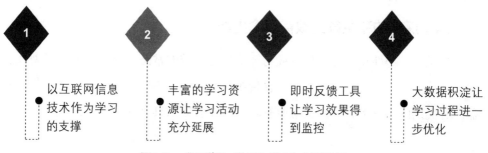

图1-2　"互联网+学习"的4个主要特征

互联网教育可以真正促使学习行为客体向主体转变，从被动学向主动学转变；让学员带着强烈的主观意愿去学，带着问题学，以自己愿意接受的方式去学，以及以自己喜欢的学习习惯去学。这种新的学习方式取得的效果也不是之前传统学习能相提并论的。

1.2.3　互联网对教育的促进

2020年初新冠肺炎疫情暴发之后，线下教育面临诸多困境，不得不以线上教育来替代。这时，互联网教育的优势进一步展露出来。

互联网对教育的促进作用体现在4个方面，具体如下。

（1）质量和公平目的下的资源覆盖

互联网技术突破了师资水平限制，扩大了优质资源覆盖面，逐步缩小了城乡、区域资源差异过大的问题。

（2）时空和方式意义上的学习革命

互联网打破了学习的时空限制，使有组织、有目的的学习成为人人皆学、处处可学、时时能学的活动。移动学习终端的出现和发展，让学习成为日常生活不可缺少的一部分。

（3）权利转移

依托互联网提供的教育，令教育的权利发生了转移。学习的选择权完全在于学习者，而不是教育的提供者；学习内容由学习者基于自身兴趣和需要定制，学习者可自己安排学习时间和进度。

（4）深刻的和系统的教育观念更新

多元化、个性化、交互化将成为经济社会领域的常态，也将成为学习型社会的显著特征。不管"学习的革命"在传统学校发生的程度如何，这些特征都将涵盖所有类别的教育形式，并成为所有教育工作者应当具有的思维方式。

1.3

互联网教育的基本构成

1.3.1 互联网教育的受众：学员

学员是互联网教育的受益者，也叫受众，受众深刻地影响着互联网教育的效果和发展前景。每位学员都是特殊的个体，具备复杂心理和特殊行为，而教学者"一刀切"的做法，缺乏对学员的差异化对待，忽略了不同个体在心理需求上的变化。

因此，做好互联网教育，不能忽视学员这一基本构成，要对学员参与互联网教育的动因进行分析。制约学员参与互联网教育的因素是多方面的，而且各因素之间差异很大。具体如图1-3所示。

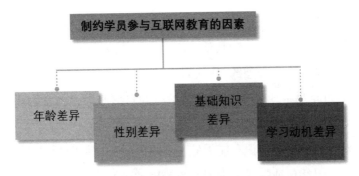

图1-3　制约学员参与互联网教育的因素及差异

（1）年龄差异

年龄因素深刻着影响着学员参与互联网教育的行为，这是因为在线学习是有明显年龄性的。

比如，学前儿童、小学生的自律性差，中学生自律性相对好一些，而大学生或成人自律性要好得多。不同自律性对网络有不同的认知和心理倾向，对抗网络诱惑、干扰的能力也不同。由此，在开发互联网教育产品时，就要考虑到受众的年龄差异，根据年龄对产品进行优化。

例如，在设计儿童类产品时，界面的排版、颜色要符合儿童的年龄特征，操作也要尽量简单，多增加音乐或语音提示，总之，需符合儿童的行为和心理特征。而针对成年人时，又要采取另一种策略，即注重实用性，提升内容的合理性是关键。

（2）性别差异

性别差异对学员参与互联网教育的影响，主要体现在兴趣、爱好和专业选择等方面，也就是说男女生之间的差异。

有关研究表明，通常女生的语言学习能力要强于男生，在语音、词汇、拼写、阅读和口语表达方面的综合检测成绩要比男生高一些，而男生的数学思维与能力、空间视觉能力要比女生强一些。

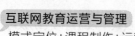
因此，性别对在线教育的影响也很明显，主要体现在课程选择上，有些课程女性学员多，有些课程男性学员多。

（3）基础知识差异

复杂多变的网络环境，常常会影响学员学习的持续性和自律性，学员原有的知识和技能储备也会牵制和影响其学习成绩。假如该学员的知识和能力储备严重不足，则会导致学员产生强烈的挫败感，往往就会放弃互联网学习。反之，如果学员知识和能力充足，他们参与互联网学习的自信心强，其学习进程则较为顺利、学习效果良好。

因此，对于那些原有知识和能力储备不足的学员，他们学习的自律性不强，又坚持不下去，仅凭单纯的线上学习，是难以达到最佳学习效果的。而解决方法就是线上教育与线下教育相结合，或者采取一对一授课。

（4）学习动机差异

学习动机是指激发一个人进行学习活动、维持已引起的学习活动，并致使行为实现一定学习目标的一种内在过程或内部心理状态。其主要解决的是"为什么要学习"的问题。学习动机根据动力的来源，分为内部学习动机和外部学习动机。

学习动机时刻影响着学习效果，内部学习动机往往更容易产生好的学习效果。只有把学习动机、学习行为、学习效果放在一起加以考查，才能看出学习动机与学习效果之间既一致又不一致的关系。

因此，内在动因和外在动因对现代学员都有着深刻的影响，一个学习动因强的学员，其学习主动性和效果会比缺乏学习动因的学员要好得多。但就目前的互联网教育而言，无法通过高质量的课程开发来触发学员的学习兴趣，所以推动当前互联网教育发展的重要动力还是外在动因。

若从市场营销角度分析，外在动因始终是互联网线上或线下教育发展的根基和主体动力，但这并非意味着内在动因对互联网教育发展没有作用。恰恰是因为互联网教育的普遍性和广泛性为学员培育兴趣爱好提供了先决条件，从而涌现了诸多基于兴趣爱好而组建的网站。例如围棋发烧友、在线音乐授课平台等，这些平台都促进了互联网教育的发展。

1.3.2 互联网教育的实施者：教学者

　　教学者是互联网教育正常进行的重要推动者和实施者。但由于互联网普及程度的制约及传统教学观念的影响，致使众多教学者对互联网教育仍存在观念上的不认同，对在线教育技能掌握得不够熟练，对互联网教学模式不适应等问题。具体表现在以下3个方面，如图1-4所示。

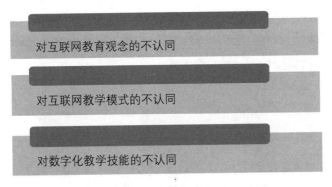

对互联网教育观念的不认同

对互联网教学模式的不认同

对数字化教学技能的不认同

图1-4　教学者对线上教育不认同的3个方面

（1）对互联网教育观念的不认同

　　长期以来，教育主要以教室为主阵地，以课堂授课、线下教学为主要方式。因而很多老师表示，短时间内从心理和思想上都难以适应在互联网上教学，甚至有教师提出这样的疑问："线上教学的教学过程会被录制下来，供诸多学生反复观看。如此一来，教师的引导者作用又将如何发挥呢？"

　　诸多事实证明，互联网时代传统教学观念需要转变，互联网教育不但不会取代教学者的固有地位，反而会提升教学者的教学效率，还能打造优秀名师。

（2）对互联网教学模式的不认同

　　教学者能直接与学员进行课堂互动，能直观了解学员的课堂表现，很多教学者反馈课堂授课更能让他们投入其中、侃侃而谈。可是，如果教学者单独面对摄像头，就会因为找不到讲课的感觉，而陷入手足无措中，讲课内容也变得索然无味。

　　但这种现场感的缺失可以借助人为手段来消除，目前很多高校或教育企业多是现场授课和录制，然后以直播课、回放课的形式上传至互联网教育平台。经过

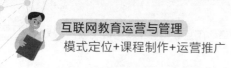

一段时间的适应和训练后，大部分教学者是完全可以自如地进行网络授课的。

（3）对数字化教学技能的不认同

将现代化数字技术融入课堂教学中，已然成为越来越多教学者的共识，但绝大多数教学者只会操作一些Word、PPT等功能软件。如果具体到课程数字化内容设置（如声音、图片、视频等）上，教学者群体仍旧欠缺该项技能。而且对学科题库设置认知不足，只是单纯地将其编成Word内容，缺少建设成题库的自觉性。

教学者对互联网教育有了初步的认识后，还需要掌握完成互联网教学所具有的能力，具体包括如图1-5所示的3个方面。

观念转变能力　　授课方式能力　　线上操作能力

图1-5　完成互联网教学所具有的能力

1）观念转变能力

传统课堂主要以教学者为主导，采取"填鸭式"或"灌注式"的授课模式进行。而在互联网教育时代，由于教学时空、知识传播手段和教学对象等方面的不同，教学者的教学观念应随之转变，由"以教师为课堂中心"向"以学员为课堂中心"转变。

此时，教师扮演的角色不仅仅是知识的传授者，还是课堂活动的建设者、组织者和监督者，以及学员学习的合作伙伴。

2）授课方式能力

互联网教育时代，知识传播的手段趋向于多样化，线下优秀师资的课堂资源能够被录制下来，并在网络上进行低成本传播。衡量优秀教学者课堂授课能力的标准，不仅是传道、授业、解惑，还要坚持因材施教，以激发学员兴趣为授课导向。

曾经有一位电大学员提到一位讲政治经济学的教学者，他总是能够利用一些学员感兴趣的话题导入课堂内容，将课本知识与当下时政、文化热点结合起来，他鼓励学员在课堂中畅所欲言、积极发表意见或想法，由此学员的课堂的主体性和主动性得以发挥。

这位教学者是一位优秀的讲师，他不仅具有丰富的专业知识储备，而且能够延伸和拓展其他多方面知识，并借用生活实例帮助学员更好地理解课本内容，在这一过程中学员的兴趣被完全激发出来。

3）线上操作能力

熟练的线上操作能力，是顺利开展和实施互联网教学的重要条件。教学者要学会挖掘网络优秀课程资源，能够熟练掌握各种软件的使用方法，如图片、视频、音频、文档、电子表格及课程制作等。

1.3.3　互联网教育的技术承载：在线教育平台

在线教育平台指互联网教育服务提供方为保障互联网教育正常进行而创建的专业性技术平台。该平台的组成要素包括学员注册登录、课程制作、课程浏览查询、学习、课后练习与考试、师生互动、日常积分等。

由于互联网教育平台系统复杂，学习管理和技术要求高，因而在线教育平台的开发费用较高，在十万元至数百万元之间。

（1）在线教育平台的分类

按照不同划分标准，在线教育平台有不同类型，具体如图1-6所示。

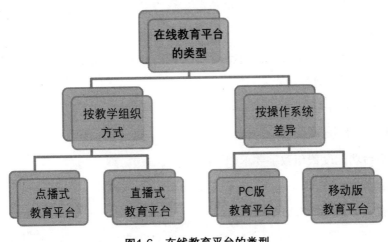

图1-6　在线教育平台的类型

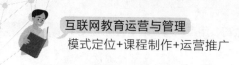

（2）在线教育平台的结构与功能

在线教育平台的结构由若干个系统组合而成，各个系统相互独立存在，在功能上相互配合。其结构主要分为以下7个系统，如图1-7所示。

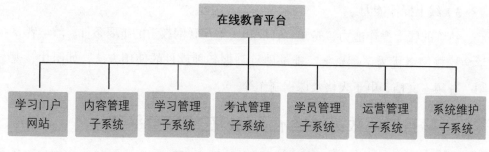

图1-7　在线教育平台结构图

① **学习门户网站。**指学员输入网址名称后自动导航进入的学习内容页面。

② **内容管理子系统。**对课程资源进行调控和管理，该系统内容比较复杂。

③ **学习管理子系统。**提供学习资源给学员，追踪学员学习进度，同时以独立板块的形式给学员提供提问、回答等交流功能。

④ **考试管理子系统。**具备试题录入、试卷管理、考试管理和成绩管理等功能。

⑤ **学员管理子系统。**提供学员角色、结构等信息的增加、删除、修改、禁用、启用等功能。

⑥ **运营管理子系统。**用于查看在线学员数量、分布范围，并提供账户充值、计费和余额查询等功能。

⑦ **系统维护子系统。**提供各种用于管理的系统参数。

在线教育平台的功能主要涵盖以下4点。

1）平台功能设置与教学要求相匹配

在线教育平台应满足基本的互联网教育需求，如学习、考试等功能。

2）前端功能操作设置简便高效

如今，在线教育平台的学员更关注操作的简洁性，面对复杂的操作设置往往会失去耐性。因此，在线教育平台在设计时应符合人机操作规范，追求简便高效。

3）系统间的数据互通规范

数据互通指教学系统同其他信息系统间的数据交换，例如学员登录时统一验证、规范学习记录及信息接口等。当前在线教育平台缺少明确的数据互通规范，在企业互联网学习中用得最多的是SCORM规范。

4）支持跨平台学习

目前互联网移动学习势头发展迅猛，在线教育平台不但要支持PC端Web浏览器学习通道，还要支持互联网移动学习特性，从而保证在线PC端学习平台与移动互联网平台间搭建起学员信息、课程信息和学习记录等数据统一的在线平台，重视平台学员操作的无缝感和体验的舒适感。

1.3.4　互联网教育的核心：课程资源

（1）课程资源的定义及分类

课程资源又称教学资源，属于互联网教育的客体，它涵盖了各种数字化信息资源，类似于视频课程、Flash课程、文本、音频、网页、PPT和试题库等内容。

通常，课程资源在互联网成本投入中占据较大比重，约占整个项目资金支出的40%～50%（注：项目中其他成本投入则用于平台开发及运营推广）。

（2）常见的课程资源形式

由于数据格式的不同，互联网课程资源的表现形式分为6种，具体如图1-8所示。

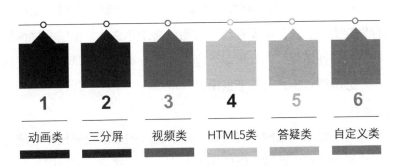

1	2	3	4	5	6
动画类	三分屏	视频类	HTML5类	答疑类	自定义类

图1-8　互联网课程资源的表现形式

1）动画类

动画类课程内容生动形象，在中、小学教学及大学教学过程中使用广泛。目前，动画类课程以Flash动画为主，HTLM5课程为辅。

动画类课程的开发成本较高，每小时的开发成本在5万～10万元。设计和制作动画类课程需要多种角色的参与，如项目经理、教学设计、美工、动画制作、软件工程师，对合作团队的协同性要求较高，所以动画类课程成本要比普通视频课要高得多。

2）三分屏

制作三分屏课程，教学者要将授课视频与讲义录制下来，在系统提示下自动生成专用格式的文件，并借助互联网浏览器进行播放。生成后的课程包括三部分——教学者的视频、讲义、课程纲要，所以称为"三分屏"课程。

三分屏课程包括以下3大特征。

① 开发周期短。通常，网络课程制作需要较长的开发周期（一般以月为单位）。课程内容实效性较强，设计研发本身就需要耗费很长时间，等到发布时，部分内容就需要更新了。但三分屏课程制作时长较短，主要由教学者主讲并进行录制，录制完成后课程内容也就形成了，然后通过简单编辑、修饰就可以完成。

② 费用低廉。三分屏课程具备可传播、可复制性特点。如果将现场授课过程、内容录制完成后，可以设置成三分屏课程，学员能够随时随地、反复学习。而且，每课时录制成本加上教学者薪酬成本只有几百元左右，与其他课程开发所需的高昂费用相比，三分屏课程价格较低。

③ 形式单一。三分屏课程制作成本低廉，便于录制，占用带宽小。在我国互联网教育发展史上，三分屏课程投入应用已有十年之久。但三分屏课程表现形式单一，师生互动性不强，因此很多教育专业人士和平台学员并不看好该课程类型，近几年三分屏课程模式已逐渐退出教育市场。

3）视频类

互联网课程主要以视频的形式呈现，高清视频的显示效果较好。随着互联网的普及，高清视频课程已经被广泛应用于教育市场。然而，视频课程的最大缺点和不足就是需要专门的摄像室，占用带宽较高，大概占用1～2Mbit/s，这将给视频服务器增加较大压力。

4）HTML5类

该课程以网页形式呈现，占用带宽小，尤其适合移动平台显示，但其缺点在于HTML5课程主要以文本和图片形式展现，交互性差且不容易保护知识产权。

5）答疑类

试题库是较为常见的教育教学资源，但创建试题库并非将所有试题集中到Word或其他格式的文档中，而是以试题库分拆的形式，将试题分项投入试题库，如题干、选项、答案、难度、所属学科、知识点和来源等内容进行保存，如此试题的调动更快捷、题型更丰富全面。

6）自定义类

自定义格式课程属于对其他课程类型的补充，当通用课程无法满足学员学习需求时，开发方将会重新定义课程内容格式，如单词、会话、听力等。自定义课程类型的格式多种多样，由于开发方设计方案性质不同，其课程内容需要专门的播放器才能播放，才能广泛地应用于学习中。

还有一些其他的特殊课程，类似于虚拟操作、虚拟现实等，均采用的是不太常见的格式，如VRML格式。随着互联网教育技术的发展，这些复杂的课程技术将会进一步被普及使用。

1.4

互联网教育的优势和劣势

1.4.1　互联网教育的优势

互联网教育能促进优质资源共享，这也缓解了教育资源分配不均、城乡差距较大等问题，从而弥补了乡村教育的不足，为我国各地区教育的均衡发展提供了条件。

互联网教育的优势可总结为随时、随地、随意。采用5 Any的说法来形容该优势，指互联网教育可保证任何学员（Anyone）通过计算机网络，在任何时间

（Anytime）、任何地点（Anywhere）学习任何课程（Any courses）的任何章节（Any chapters）。

尽管很多人习惯于线下面授教课，但互联网教育的优势是明显的，具体包括3点，如图1-9所示。

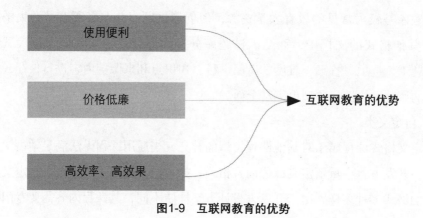

图1-9　互联网教育的优势

（1）使用便利

移动通信技术、大数据技术的发展，使得"随时随地随意"成为互联网模式的突出特征，如网络订餐、订车票、购物，皆是如此。

在互联网教育模式下，学员可实现线上随时随地学习，哪怕是半夜三更，只要有不懂的地方都可以在平台上找到专业的解答。线下教育是无法做到这一点的，从这一点看互联网教育要远胜过线下面授教育。

（2）价格低廉

开展在线教育学习不需要太大的空间，一般每个在线平台的教室可容纳数百、数千，甚至数万人，使得名师资源得以充分传播、放大，平均下来每个学员的学习成本很低。如果在线教育学习能获得同等效果，而且线上一对一教育的价格要比一对一线下教育便宜一半还多，那为什么不选择前者呢？如今，线下零售店门可罗雀，很大一部分原因归结于淘宝、京东去中介化，商品价格大大降低。对于在线教育来说，也同样具有相类似的情况和特点。

（3）高效率、高效果

开展传统线下教育，需要教学者和学员在规定时间到规定地点上课，通常要上两个小时的辅导课。而接受线上教育，可大大免去通勤之苦，效率也要更胜一筹。相信未来互联网教育模式的应用范围将会更为广泛，从而颠覆和突破传统培训模式。

在互联网教育技术发展初期，人们认为线下教学效果要比线上教育强得多。随着当前电子白板和网络语音通信技术的日益完善，授课教学者的板书和声音都能实时传递到学员的移动设备上，学习效果已不再是问题。

但当前线下教育平台还存在一个问题：学员和家长很难接受在线教育这种新型形式，说得再天花乱坠，家长也很难接受。该问题的解决只有通过大量投入、增强学员认知度和认可度才能实现。再经过3～5年时间，80后、90后家长将会以更开阔的心态接受互联网教育。

1.4.2 互联网教育的劣势

网络技术是把"双刃剑"，这也使得互联网教育有其优势的同时，也存在固有的弊端。也正是因为这样或那样的弊端，导致互联网教育的发展有所迟缓。

互联网教育的劣势具体如图1-10所示。

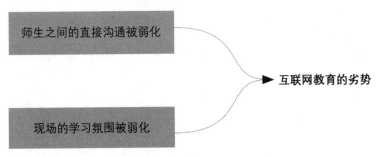

图1-10　互联网教育的劣势

（1）师生之间的直接沟通被弱化

与线下面授教学形式相比，互联网教育能够在计算机和移动设备上正常进行，但师生间缺少直接沟通和反馈，这一点恰恰是教学活动的关键。由于教学者不能清楚地了解学员的问题在哪儿，不知道自己教授的内容是否被学员高效接受，也就无法针对性地对课程内容进行及时的调整。

（2）现场的学习氛围被弱化

线上教育通常缺少高效的课堂环境和氛围，以及教学者的督导等外在约束力的影响，深刻地影响着教育效果的达成。

互联网教育的弊端在于在线课堂氛围容易变得枯燥乏味，学员处于虚拟的课堂环境下，难以获得真实、生动的课堂体验感，导致课堂学习行为难以持续进行。因此，线上学习最佳效果的达成，对教学者、学员和课程的要求，要远高于线下面授课。换言之，互联网教育效果的提升，需要高质量课程资源和优质教学服务的保障。

第 2 章

市场分析：
选择最适合的投资领域

从事互联网教育需要明确定位，找准市场需求。要对该行业的发展现状、规模、前景、需求、投资热点、重难点等进行全面评估与分析。本章从行业前景、学员画像、细分市场等项目分析的角度入手，为从事互联网教育的工作者提供创业指导。

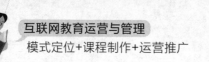

2.1

市场前景分析，
趋势利导找准创业风口

2.1.1 发展前景

后疫情时代，受政策支持和5G、AI等技术发展的正向影响，中国在线教育市场规模进一步扩大。据相关数据，2021年中国在线教育市场规模达5596亿元，用户规模3.42亿人，虽然较2020年减少了8125万人，但潜力仍然很大。

评价一个创业项目的好与坏，牵扯到很多方面，除了老生常谈的投资、股权与经营管理外，还有一个因素不可忽视，那就是市场发展前景。市场发展前景，代表一种潜力，是指在某一特定时期和特定条件下，某一市场对某一产品的购买量的最乐观估计。

分析互联网教育行业的发展前景，可从以下5个方面入手。

（1）市场需求

瑞典著名教育家托尔斯顿·胡森（Torsten Husen）有一个观点，他认为教育机会均等有三种含义：起点公平、过程公平和结果公平。意思是说，每个孩子能享有平等的受教育的权利和机会，消除城乡、家庭、性别等因素的影响；尊重和关注孩子间的差异，因材施教，让每个孩子获得适合其个性和发展需求的教育；保证每个孩子有取得成功的机会，有适合自己的出路。

追求教育平等，是许多家长最朴素的想法，然而，目前的现实是，基于口耳相传的传统教育运营效率很低，优质资源无法扩散，更不能有效照顾到个体的差异。很多孩子的教育会有遗憾，这让很多家长感到焦虑，老师也感到力不从心。

不过，互联网技术正在给这一切带来变化，互联网教育将大大改变这种境况，这也从一个侧面反映出互联网教育巨大的市场潜力。

（2）市场规模

市场规模即市场容量，是最能反映一个行业发展前景的指标，前景好的行业发展规模往往较大，发展速度也很快。就"互联网+教育"行业而言，分析其市场发展规模可以从总体上把握行业发展趋势、规律。

根据最新相关数据，2016—2020年我国在线教育市场规模呈不断扩大趋势，年均增长率也快速提高，具体如表2-1所列。

表2-1　2016—2020年在线教育市场规模及增长率

年份	市场交易规模/亿元	增长率/%
2016年	2218	—
2017年	2810	26.7
2018年	3480	23.8
2019年	4041	16.1
2020年	4858	20.2

表2-1反映的是在线教育的市场规模和增长率，这两项数据表明，我国的互联网教育市场大趋势是好的，盈利空间很大，并进入一个平稳期。

（3）学员数量

衡量一个行业发展前景还有一个重要指标，即学员。

我国在线教育的学员也呈逐年增多的趋势。据中国互联网络信息中心（CNNIC）发布的第48次《中国互联网络发展状况统计报告》显示，截至2021年6月，我国在线教育学员规模达3.25亿，占网民整体的32.1%。

最近5年，随着升学、就业、职场竞争力的不断增大，满足学员碎片化学习需求的在线教育学员规模持续增长。表2-2是2016—2020年我国在线教育学员规模及增长情况。

表2-2　2016—2020年在线教育学员规模及增长率

年份	学员规模/亿人	增长率/%
2016年	1.04	—
2017年	1.51	45.3
2018年	2.08	37.7

续表

年份	学员规模/亿人	增长率/%
2019年	2.59	24.5
2020年	3.25	25.5

可见，互联网教育市场空间在不断增大，受2020年新冠肺炎疫情的影响，未来一段时间国内在线教育学员数量增速将会进一步提升，展现出广阔的市场前景与发展潜力。

（4）行业结构

了解互联网教育行业前景，还需要分析行业的结构。现阶段，我国在线教育结构主要由4个部分组成，即低幼及素质教育、高等学历教育、K12在线教育、职业及成人教育以及其他等。以2020年为例，详细内容如图2-1所示。

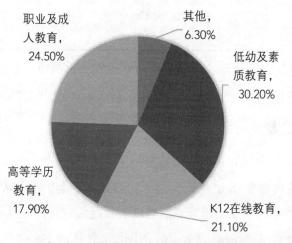

图2-1　2020年我国在线教育市场规模结构

各个部分所占的比例不同，其中低幼及素质教育、K12在线教育两者之和占到50%，另外，其他各个领域也都有极大的市场潜力。

（5）地域分布

我国互联网教育地域布局呈现出明显的区域密度化特征。相关企业集中在北京市、广东省等经济发达地区，北京、广东两地数量在全国范围内遥遥领先。北京有2545家，占全国在线教育企业的23.07%。20世纪90年代末，黄冈中学、北京四中等知名中学开设的网校，开启了我国在线教育的序幕，"互联网+教育"的模式得到认可。

广东省有2080家，排名第二，占比为18.85%。另外，山东省也是后起之秀，以667家企业排名第三，占比为6.05%。随着网络技术的普及，学员的大量增长，平台分布也呈现出多样化趋势，像上海、杭州、成都等这样的一线、准一线城市，在线教育发展得往往较快。

受新冠疫情的影响，2020年各大在线教育平台加速渗透下沉市场。各大在线教育平台积极响应政府号召，面向学员群体推出免费直播课程，学员规模迅速增长。疫情期间在线教育行业的日活跃学员数量从平日的8700万上升至春节后的1.27亿，新增流量主要来自三、四、五线城市。2021年，三线及以下城市在线教育学员占整体的68.6%，同比提高7.1个百分点。

2.1.2 行业变化

随着新教育品牌的涌入，在线教育行业巨头受到猛烈冲击，我国在线教育竞争激烈。同时行业竞争格局发生着不同程度的变化。越来越多的企业、机构为抢占市场，吸引新学员，通过各种营销手段，加大优惠推广力度。

案例1

字节跳动率先瞄准了在线教育行业的"风口"，于2020年10月建立全新教育品牌——"大力教育"，它是字节跳动公司旗下首个公开发布的业务独立品牌，与四大互联网教育巨头腾讯、百度、网易和阿里共同争夺在线教育市场。

更多的企业和机构的举动，给互联网教育行业带来变化，具体体现在图2-2所示的3个方面。

图2-2　互联网教育行业变化的具体体现

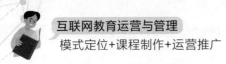

（1）市场竞争布局多样化

在线教育行业发展如火如荼，学员需求和市场规模有了前所未有的提高。而优势资源基本局限于以腾讯、百度、阿里为首的巨头企业，这几大企业在技术、流量上具备先天优势，服务优质，学员众多，具有很强的竞争优势。

图2-3为2020年腾讯、百度、阿里三大互联网在线教育巨头的发展态势。与此同时，众多中小型企业或机构纷纷涌入，行业竞争格局重新被审视和调整。

> 腾讯：向全国各地教育部门、中小学及高校、教育机构，提供在线直播课程，与猿辅导完成新一轮融资

> 阿里：支持14万所学校、1.3亿学员在线上课。累计600万教学者在钉钉上授课，上课时长超过6000万小时

> 百度：开展大疆教育线上芯片发布会，提供百度大脑智能对话与定制服务。上线"停课不停学"专区，与多个在线教育平台合作

图2-3　2020年三大互联网在线教育巨头发展态势

（2）营销投入越来越大

在线教育已经成为各大创业者竞争的"风口"，为瓜分同一块"蛋糕"（市场），各大互联网教育平台为了获得更多潜在学员而加大营销、宣传和推广力度，以拼团优惠、推荐码、体验课等形式，提高学员续班率。

体验高，价格低吸引了更多学员。伴随课程质量的提升，服务体验的提高，在线教育机构的转化率及续班率有所提升。目前行业的平均转化率为20%，其中跟谁学的转化率较高，达30%，续班率各大机构差别不大，均在70%左右。

（3）教学水平越来越高

在线教育通过各种新的技术手段提高教学水平。互联网技术的发展，大大加

快了知识传播速度和效率，提升了教学水平。

随着新技术的不断发展，越来越多的技术应用于在线教育平台，优化平台的教学体验与效果，推动在线教育行业产品服务升级。在线教育技术核心是构建互动平台和智能系统，目前，很多在线教育平台应用了多种技术，在硬件设备、在线实时传输技术以及AI智能技术有了更大提升。如表2-3为我国在线教育行业技术应用状况。

表2-3　我国在线教育行业技术应用情况

平台名称	常用的技术手段
直播互动平台	图片识别
双师教学平台	人脸识别
互联网学习平台	语音识别
智能学习系统	虚拟现实
个性化测评系统	人工智能
智能批改系统	数据沉淀

2.2

学员画像分析，抓住潜在消费群体

2.2.1　学员画像概述

学员资源是企业生存和发展的最基本资源，学员就是由目标消费者转化而来。因此，在做一个项目之前，需要紧紧抓住目标消费群体，并对其进行分析，换句话说就是要进行学员画像分析。

假如你做一个职业教育规划，目的是促进准毕业生、职场新人能够更好地就业，应该如何对目标受众画像呢？

（1）学员画像的定义

学员画像是指根据不同行为特征，对目标消费者的行为进行分析，如年龄、性别、喜好、收入、地理位置等，并形成学员群体分层，从而定位目标学员。此举有助于确定产品定位，优化产品功能，同时，能够帮助企业快速洞察市场行情、估测市场规模，指导其制订合理、高效的目标和实施计划。

（2）学员画像的作用

对学员进行画像有多重作用，根本目的是确定精准目标学员和学员转化率提升的问题，具体作用体现在如表2-4所列的5个方面。

表2-4　学员画像的作用

作用	具体内容
数据挖掘	以学员画像为基本要素来构建产品推荐系统，完成搜索引擎、广告投放系统建设，提高在线服务的精准度
学员统计	依据学员画像分析，可以快速统计不同特征下学员的数量、分布情况，对学员属性、行为特征进行分类
精准营销	根据历史学员画像分析结果，可以基本确定潜在客户或消费者的实际需求，帮助企业针对特定群体，采取邮件、短信等通信方式来进行营销
优化产品	对产品学员进行画像分析，对产品进行受众定位，有助于把握消费者购买心理动机和购物行为习惯，有利于完善产品功能升级和应用，提高产品服务质量
行业报告与消费者研究	通过学员画像分析可以快速了解行业动态，例如消费者习惯、消费偏好、不同地域消费品类差异等

（3）学员画像基本属性分析

学员画像分析的基本要素包括消费群体社会属性、心理属性、兴趣特征、消费特征、位置特征、设备属性、行为数据、社交数据等维度，具体内容如表2-5所列。

表2-5　学员画像基本属性分析

基本要素	具体内容
社会属性	指消费群体年龄、性别、地域、血型、受教育程度、职业、收入、家庭状况、身高、体重等基本信息
心理属性	指消费群体性格、情感等
兴趣特征	消费群体浏览内容、收藏内容、阅读咨询、购买物品偏好等
消费特征	指消费群体与消费相关的特征，通常以收入多少来划分

基本要素	具体内容
位置特征	指消费群体所处城市、所居住区域、学员移动轨迹等
设备属性	指消费群体使用的终端特征等，如手机品牌、使用系统、网络等
行为数据	指访问记录、访问时间、浏览路径等学员在网站的行为日志数据
社交数据	指学员社交相关数据，包括圈子、兴趣喜好、互动行为等

2.2.2 学员画像分析

在对学员进行画像之前，需要对学员进行识别，只有准确地识别，才能勾勒出精准的画像。学员识别是指为了区别不同消费群体，进行明确的属性定位，比如，年龄、性别、地域、消费能力、适用情况等。

尤其在一些特殊时期，学员画像分析显得更为重要。

案例2

受疫情影响，2020年在线教育需求激增，包括传统院校均尝试使用线上课程来保证教育计划的推进。这时的学员画像出现倒挂现象，即家长偏多，主要为孩子购买在线课程。

据iiMedia Research（艾媒咨询）数据显示，疫情期间在线教育的参与者中，家长占七成以上，具体数据如图2-4所示。这是因为受疫情影响，学生所在学校无法开课，家长出于对孩子的学业考虑，大多愿意为孩子购买在线课程。

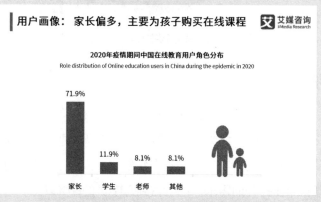

图2-4　iiMedia Research（艾媒咨询）数据

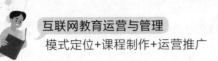
　　数据进一步显示，33.3%的受访者主要购买一对一全科辅导课，同样有33.3%的受访者主要购买综合网校类课程；其次是高校公开课和少儿英语。在这种情况下综合网校更受欢迎，因为有较高品质的内容和服务，更容易获得学员青睐。

　　可见，对学员画像进行分析多么重要，这是决定在线平台做何种产品，如何做产品的主要依据。那么，就整个互联网教育市场而言，学员画像又是怎么样的呢？可做以下分析。

（1）性别分析

　　就整个互联网教育学员的性别而言，男性多于女性，男性占比62.9%，女性37.1%（2020年中国在线学习学员调查数据），具体如图2-5所示。

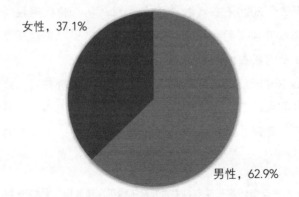

图2-5　2020年中国在线学习学员性别比

（2）年龄分析

　　在线教育学员受众分布广泛，各年龄层学员均有分布。大部分集中在31～40岁，占比约38.9%，这个年龄段的人大都处于职业高峰期，表现为对成人教育、职业教育的需求；其次是26～30岁，这个年龄段的人处于求学或求职阶段，表现为对高等教育和职业提升的需求。两者占到总学员的60%以上。

　　此外，19～25岁学员占比约14.3%；41～50岁学员占比约12.5%；51岁及以上学员占比约9.4%，18岁及以下学员占比约1.1%，具体如图2-6所示。

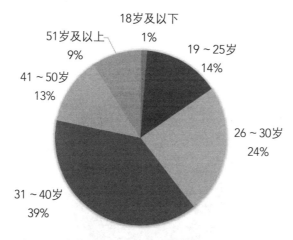

图2-6　在线教育平台学员年龄占比（取整数）

（3）消费能力

在线教育平台消费人群集中在中等收入人群，中高收入者占28.55%，中低收入者占27.54%。然而出现了一个倒挂现象，中等收入人群增幅在下降，低收入人群、高收入人群增幅显著上升，如表2-6所列。这些数据正说明在线教育平台学员消费水平分化在缩小，学员付费意愿明显加强，付费能力进一步提高，愿意为学习付费，购买课程。

表2-6　在线教育平台付费意愿占比

类别	占比	环比
低消费者	7.51%	+773.25%
中低消费者	27.54%	−28.45%
中等消费者	23.34%	+35.72%
中高消费者	28.55%	−31.20%
高消费者	13.06%	+545.80%

（4）地域分布

使用在线教育平台的学员，起初集中分布在经济发达、收入水平较高的一、二线城市，这与学员消费能力相一致。一、二线城市对互联网教育的接受速度更快，尤其是知识付费这种新的模式。最近几年，线下教育学员逐步由一、二线城

互联网教育运营与管理
模式定位+课程制作+运营推广

市向三、四、五线城市转移，说明小城市对优质教育资源渴望更加强烈，占比上升，具体如图2-7所示。

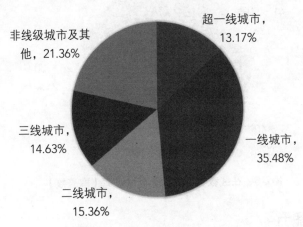

图2-7　在线教育平台学员城市分布

（5）使用时长

对学员学习时长的分析，需遵从学员作息规律，以及利用短暂时间进行碎片化学习的习惯。可以从使用频率和使用时段（日）两个方面进行分析，具体如图2-8、图2-9所示。

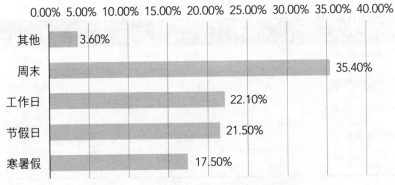

图2-8　在线教育学员使用产品的频率

从周使用频率来看，35.4%的用户选择在周末使用，占比最高，还有21.5%的用户选择节假日使用，17.5%的用户选择寒暑假使用。

综合来看，有40%以上的用户每天至少使用1次，且使用时间集中在非工作日。所以用户为了更好地记忆、理解、掌握课程知识，更愿意使用较大、较完整的时间段进行学习。

图2-9　在线教育使用产品的时段（日）

从使用时段（日）来看，高频时间分布集中在8：00—10：00、18：00—20：00、20：00—22：00。

综合来看，用户大多在相对固定、安稳的场景和时间进行学习。晚上18：00—22：00，安静的家里是最有效的学习场景。

2.2.3　动态跟踪学员行为轨迹

当学员进入网站或App后，系统会对其行为进行动态跟踪，并记录下行为轨迹数据，可以确认学员在不同场景下的不同访问轨迹。了解这些数据（知道学员点击了哪些页面），有助于做好网站或App的优化工作，从营销的角度讲，也是非常有利的，有利于提升产品转化率、检验产品策略是否正确，也能够深入了解学员的购买行为，掌握学员的真实需求。

（1）学员行为轨迹数据的3个维度

在对学员的行为轨迹数据进行动态跟踪时，可以重点关注如图2-10所示的3个维度。

图2-10 学员行为轨迹数据的3个维度

1）场景数据

场景数据包括访问设备、访问时段，即用什么设备在什么时段访问网站或App。

2）内容数据

内容数据是指某一时段学员访问的内容类型，是资讯类、视频类，还是游戏类、社交类等。

3）路径数据

路径数据是指学员进入和离开网站或App的路径。比如，学员通过搜索导航进入还是直接打开该App，离开时是站内跳转到其他网页还是直接关闭。下面以荔枝微课为例讲解。

案例3

荔枝微课是一个专注于知识分享的平台，在这里每个人都可以随时随地教学，也可以听课学习。通过对学员的调研发现，每天使用时长大多在2个小时，使用时间是中午、晚上，主要内容是课程直播和课后回放。

在听课之余，学员还可在系统中完成各种规定行为，获得金币奖励，将自己的行为数据转化为相关的虚拟货币；进行衍生产品（手办、服饰）兑换，打通线上与线下，提高学员的活跃度，鼓励学员完整经历听课使用流程，强化学员教育，完善学员体验。

一些学员还会进入教学者动态界面，查看关注的教学者动态详情，进行点赞、评论，下滑查看所有评论，学员可以互相评论。

（2）动态跟踪学员轨迹的工具

对于互联网教育创业者或运营人员来讲，其实最关键的就是深入理解学员，准确预测出学员的行为轨迹，以做好相应的应对策略。只是很多人在具体做的时候，经常陷入一些"坑"。总是很容易投入太多个人经验设想，用自我角色覆盖学员角色，最终导致所做的事与学员行为背道而驰。

这就需要借助一些工具，因为工具更客观、更科学、更公正，常用的4个工具如图2-11所示。

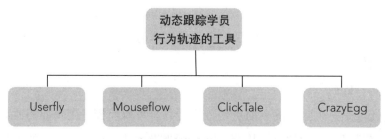

图2-11　动态跟踪学员行为轨迹的4个工具

1）Userfly

Userfly可以提供免费的网页访客动作记录服务。只需要在网页中添加一段简单的Javascript代码，就可以记录访客从打开该网页到关闭的整个过程中的动作。

Userfly能够记录的内容包括鼠标的移动、点击以及键盘输入等动作。它可以每个小时记录10位免费学员（10个IP）的动作。

Userfly也提供收费服务，除了可以记录更多的学员外，还支持身份验证和网页加密。对于网站拥有者来说，Userfly可以很方便地对学员行为进行监测和分析，通过A/B Testing等方法为网站UI/UE提供非常有价值的信息。

2）Mouseflow

Mouseflow能对访客的浏览习惯和鼠标操作行为进行跟踪，获取人们对页面的关注范围和操作习惯。它将汇总分析人们在页面上的鼠标操作动作，并以直观的"热区图"形式反映出来。

Mouseflow可以为免费账户每月保存并分析100条操作数据，包括页面浏览量、平均访问深度、平均访问时长、Web页面情况、最流行页面、最热页面等统计数据。访客的地理位置、来源链接、进入页面、浏览页面量、停留时间、浏览器等都可以记录下来。点击回放按钮，还可以回放某访客在页面上的每一次鼠标操作动作，看看他在浏览页面时做了怎样的操作。

Mouseflow可以分析每一个页面数据，比如一个页面的鼠标点击热区，以及视觉热区，红色为热，蓝色为冷。

3）ClickTale

ClickTale是一家国外的免费网站统计服务网站，并不以流量统计见长。它是一个对网站访客浏览行为进行分析的工具，以类似视频的方式将访问者在网站上进行的操作全部记录下来，你可以在线观看也可以下载到电脑上。

利用ClickTale的访客行为视频记录，可以帮运营者更好地布局网页，给学员带来更好的体验，以增加回头客。

4）CrazyEgg

CrazyEgg是一个强大的页面点击分析工具，可以监控一个页面的所有点击动作，能够轻松显示页面的点击热图，能够相当准确地监控所有页面的点击位置。性价比比Google Analytics的热区图要强大得多。

2.2.4 结合静态数据评估学员价值

市场需求和学员需求的变化，已使得以往那种粗放式的产品运营模式不再适应新时代，服务和学员体验也远远落后。为此，不少运营者开始寻找新的运营方式，比如精细化运营。但如何从粗放式运营向精细化运营过渡呢？其中之一就是依靠对静态数据的分析。通过大数据为运营提供科学、合理的分析，让产品管理更规范、广告投放更精准。

静态数据是指学员在使用网站或App过程中产生的，主要为运营工作提供控制、优化，或参考用的静态数据，比如，访客数（UV）、留存率、活跃度（DAU）等，具体如图2-12所示。这些数据通常在一段时间内不会产生太大变化，也不会随运行而变化。

图2-12　学员静态数据类型

静态数据获取相对容易，获取之后的重中之重就是对其进行详尽的分析。

（1）访客数

访客数是指产品每天的学员访问量。关注访客数可以让运营人员了解产品的活跃度及新增学员量。如果新增学员量减少，运营人员就需要考虑做一些拉新活动。

另一个相关数据必须解释一下，即IP数，两者同是由访客而产生的数据，在很多时候IP数会大于访客数，这是因为IP数是绝对的，访客数则要以cookie为依据进行判断，而每款产品的cookie存在明显差异，重复概率也比较小。

例如，家庭电脑大多用的是动态IP地址，一天可能登录好几次，但实际访客数还是一个。因此会出现IP数大于访客数的情况。

（2）留存率

留存率比较容易理解，前面也提到过，是指一个新学员在用过一段时间产品之后，仍然留下来的学员与总学员的比例。由于留存率是一个线性概念，所以我们常常从时间维度对它进行分解，因此，又会多出三个常用的核心指标：日留存率、周留存率、月留存率。

大多数情况下，运营者看看月留存率就够了，日留存率和周留存率只适用一些使用频率较高的产品。

（3）活跃度

活跃度没有一个明确的界定，常常与产品使用频率有关。如旅游App，典型的低频产品，大部分学员只有在想旅游时才会使用，而一些高频率的购物类App，学员会经常使用，对此，活跃度肯定不同。

活跃度也是一个线性的概念，但它不能单独来看，必须结合活跃度增长来综合考虑，至于原因可以先看一个例子。

案例4

某线上教育平台第一天的日活为10000，第二天的日活是11000。从表面上看数据不错。但实际上第一天里面有2000个是当日新增并活跃的，第

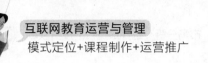

二天里面也有2000个是当日新增并活跃的。所以第一天的日活增长为2000/10000=20%，第二天的日活增长为2000/11000=18.2%。换句话说，日活确实是在增长，但是增长的加速度减慢了。

加速度是物理学上的一个概念，当加速度开始减小的时候，虽然速度还是在增大，但也是呈衰退趋势了，需要我们警惕。如果有一天日活增长为0的时候，那说明没有新增活跃学员了。日活数据有多重要，接下来看一个例子。

Meta（原Facebook）的扎克伯格去见投资人时，亮出的所有数据全部低于竞争对手Myspace，唯独日活数据是增长的。而投资人通过这个数据，就相信Facebook的发展前景会非常好，相信短期内会超过竞争对手，事实也是如此，Facebook一年内收入就超越Myspace。

所以，活跃度增长也是衡量活跃度的一个核心数据指标。因此，运营人员在运用活跃度这个指标时又多了两个指标：日新增用户数、日活用户数量。

（4）访问次数

访问次数是指访客完整打开产品页面进行访问的次数。这是网站类产品访问速度的衡量标准。一般来说，访问次数应该大于访客数，如果明显少于访客数，就说明学员无法完全打开页面，或者没有打开就关闭了。如果出现这种情况，就要检查一下，页面的打开速度是否足够流畅。

（5）页面停留时间

页面停留时间指的是学员在一个页面上停留的时间。运营者为什么要关注产品的页面停留时间呢？

1）判断页面用户体验

从页面停留时间长短可以判断学员在页面上体验的好与坏。如果停留时间较短，那么很有可能是页面做得不够人性化，不能满足学员需求；如果学员在产品终页停留时间过长，那么很有可能是页面内容过多，学员没有找到自己想要的内容。

2）计算转化率

有些学员尽管在页面停留时间很长，但没有完成购买行为的学员数据，这时运营人员可以记录下这些数据，可以用页面停留时间来作为一个目标，继而计算目标转化率。

比如，那些主要以电话预订作为目标的网站，如果学员页面停留时间较长，但并没有下单，转而直接打电话预订，那么就可以根据页面停留时间计算转化率。

（6）跳出率

跳出率是指用户进入产品后，仅浏览一个页面就马上离开的概率。通过跳出率可以观察学员对产品的认可度，或产品对学员的吸引力。

跳出率高说明产品体验做得不好，对学员吸引力小，反之，说明产品体验做得不错，学员能通过产品找到自己需求，而且以后可能还会再来光顾，大大提高了学员黏性。

（7）交互率

交互率是指产品与用户的交互行为，比如，留言、点赞、转载等占总访问量的比率。这一指标也是衡量产品价值的重要数据，高交互率意味着学员可以进行最高效的操作，花更少的时间完成交互任务。

这也为运营人员提升产品交互率提供了思路，一是减少子任务数量，二是降低操作难度，三是提供明晰的操作路径。

（8）转化率

转化率是指在一个统计周期内完成转化行为的次数，占推广信息总点击次数的比率。转化率是一个产品最终能否盈利的关键影响因素，提升产品转化率是产品综合运营实力的结果。

提升转化率一直是互联网产品的追求重点，无论流量引导还是直接购买都必须有高转化率。但很多企业虽然花了很多时间和金钱做转化率，效果却不佳。

在对静态数据的分析过程中，如果数据有限则需要定性与定量结合补充。定性方法如小组座谈会、用户深访、日志法、阶梯法、透射法等，主要是通过开放

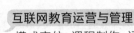

性的问题潜入学员真实的心理需求，具象学员特征。定量更多是通过定量问卷调研的方式进行，关键在于后期定量数据的建模与分析，目的是通过封闭性问题对定性假设进行验证，获取市场的学员分布规律。

2.2.5 学员的标签化与管理

如何激活学员、如何与学员进行更有效沟通，几乎是令每个互联网教育从业者最头疼的问题。大数据可以有效激活学员，可以对学员生命周期进行管理与挖掘，对不同生命周期的学员进行标签化管理，能及时把相关运营信息推送给不同时段的学员。

这里有一个非常重要的节点，就是学员的标签化及其管理，首先来讲一下什么是学员标签化。

学员标签化是指将一个学员定型化或者归入某一类，以共同认知的概念概括该学员，以便于我们快速对该人有个整体理解。所以，给学员做标签化其实就是对目标消费者进行一个定位，让学员有鲜明特征，并且呈现给大家来证明"我是×××"。简单来说，就是用一些具有较强概括性的词汇，来描述或形容学员特征、兴趣爱好。

案例5

某在线教育平台上的学员标签如下。

学员标签：学员手机号、住址、家乡、年龄、性别、职业、婚姻状况。

消费标签：课程、价格、师资情况、消费均价、预订使用等级、实际使用等级。

行为标签：支付方式是微信、支付宝还是现金，听课时长、时间段、频次，对优惠券的敏感程度。

学员的标签化能让我们快速了解一个学员，从而方便我们去理解和使用数据，实际上考虑的是我们的抽象能力。

然而学员标签化，不是贴上一个标签就完事，好产品需要在每个标签上做一致性表达，这些表达是建立在对目标受众细分的基础上，充分研究目标受众需求，击中目标受众痛点需求，表达出痛点需求的内容。

案例6

考虫是大学生备考一站式服务平台，专注大学四六级考试、考研公共课考试、公考、国考等课程。该平台为大学生提供备考资料、直播／录播课程、模拟考试、能力评估报告等与考试学习相关的各项服务，前身是选课网。

2014年，随着YY大火，直播行业开始崭露头角。2014年年底，北京多知科技有限公司成立了教育直播类课程的发现引擎——选课网。但是当时在线教育行业刚刚兴起，全网中的优质直播教育课程极少，所以选课网无课可选，最终导致为其他直播课程引流获取佣金的商业模式受阻。

选课网运营期间，团队发现用户更偏向搜索四六级考试的直播课程，选课网旗下"选课四六级达人"的微博账号，也积累了15万粉丝，选课网70%的UV都来自四六级。所以选课网转型，成立现在的考虫，专注于大学四六级考试方向。

考虫官网部分截图如图2-13所示。

图2-13 考虫官网部分截图

考虫从四六级考试的细分市场切入，四六级课程的定价策略是199元起步，这一价格对应的是几十节的线上直播课程和教材大礼包，相比于其他培训机构上千元甚至数千元的培训班，同样的师资，十分之一的价格，在价格敏感度较高的大学生眼里，当然会毫不犹豫地选择性价比更高的考虫。

前期积累了一定的四六级用户资源后，考虫又通过加强线下运营、趣味课堂视频、线上互动功能等方式，培养与用户间的感情联系。再加上考虫四六级的模式清晰简单、容易自我复制等特点，将业务横向拓展至考研、公考、出国考试等模块。原始积累的四六级用户，可以直接为新产品供血。

2.3
细分市场分析，精准定位投资领域

2.3.1 兴趣教育：未来发展空间巨大

对于想在互联网教育进行创业的人而言，选对投资领域十分重要。互联网教育领域有多个细分领域，其中，兴趣教育是不可缺少的组成部分，而且最近几年非常受热捧。

兴趣教育是一种新型的教育理念和科学的素质教育方法，注重从激发学员兴趣入手，创设轻松愉悦的氛围，搭建展示平台，促进学员主动发展。具体是指在教学过程中，根据特定的教学对象、教学内容，围绕教育对象的"兴趣"来完成教育目的。比如，利用对某事物的好奇、求新、逆反等心理，采用灵活多变的方式营造一个生动有趣的课堂氛围，从而激发教育对象的求知欲，使其在愉悦的情绪中接受知识，掌握技能。

兴趣教育根据受教育者的年龄，主要分为3个阶段，每个阶段的教育重点不同，具体如图2-14所示。

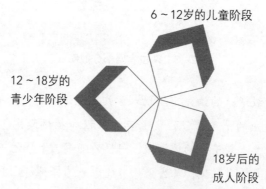

6～12岁的儿童阶段

12～18岁的
青少年阶段

18岁后的
成人阶段

图2-14　兴趣教育的3个阶段

（1）6～12岁的儿童阶段

兴趣教育在儿童阶段表现得比较充分，引导或鼓励孩子接受兴趣教育已经成为学校、家长，甚至整个社会的共识。

儿童阶段的兴趣教育大部分集中在语言培养、动手培养、思维培养、体能培养等方面。2020年兴趣教育在教育领域表现出非常强烈的需求，相关数据显示儿童阶段的兴趣教育同比增长60%。

儿童时期是培养孩子爱好的重要阶段，大多数家长都希望通过早教学习，让孩子有广泛的兴趣。现代家庭中的大多数家长在孩子的教育投入上，还是持比较开放的态度，愿意拿出一部分时间、精力和金钱投入到孩子的兴趣教育上。

（2）12～18岁的青少年阶段

第二个阶段是青少年阶段，青少年也是兴趣教育的主要面向群体。一项调查显示，65%的家长会选择艺术类教育作为兴趣教育的方向，艺术类教育成为最受欢迎的兴趣教育，艺术教育培训市场规模也在不断扩张。

青少年成为兴趣教育庞大的消费群体，主要一个原因是国家政策的引导。2020年10月15日，国务院办公厅印发《关于全面加强和改进新时代学校体育工作的意见》和《关于全面加强和改进新时代学校美育工作的意见》，要求学校深化教学改革，开齐、开足体育、美育课，并推进评价改革。

《关于全面加强和改进新时代学校美育工作的意见》提出了3点要求，引起了社会的极大关注，主要内容如表2-7所列。

表2-7　文件对中小学美育教育的要求

内容	要求
注重激发学员艺术兴趣和创新意识，培养学生健康向上的审美趣味、审美格调，帮助学生掌握1～2项艺术特长	学校美育课程以艺术课程为主体，主要包括音乐、美术、书法、舞蹈、戏剧、戏曲、影视等课程
全面实施中小学生艺术素质测评，将测评结果纳入初、高中学生综合素质评价	把中小学生学习音乐、美术、书法等艺术类课程以及参与学校组织的艺术实践活动情况纳入学业要求，探索将艺术类科目纳入初、高中学业水平考试范围
将公共艺术课程与艺术实践纳入学校人才培养方案，实行学分制管理，学生修满公共艺术课程2个学分方能毕业	严格落实学校美育课程开设刚性要求，不断拓宽课程领域，逐步增加课时，丰富课程内容

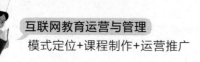
（3）18岁后的成人阶段

值得关注的是，2020年迎来了成人兴趣教育的"风口"。据淘宝教育发布的《2020年成年人自我提升报告》中的数据显示，成人兴趣教育增速尤为明显，30%的消费者将兴趣教育网课买给孩子的同时，还给自己买一份。

这是因为兴趣既是生活的调味品，也是工作的必需品。不少人常年在繁忙工作之余，抽出时间来学习自身感兴趣的内容，培养美学技能，陶冶情操，让自己不但是职场能人，也成为朋友圈中的社交达人。

案例7

美术蛙是一个专注于青少年学习美术的平台，始终以"培养孩子对美的认知，并使其终身受益"为教育理念，积极吸取国外优秀经验，并与国内教育部大纲所倡导的素质教育理念相结合，不断研究与打磨制定出符合儿童心理发展特点的美育课程体系。

为促进学员知识储备、想象力、逻辑思维、语言表达等能力的提升，美术蛙教研团队针对儿童心理诉求和发育特点，特此推出了创意百科儿童画、创意蜡笔画、黑彩线描等多种美术学科，以及素描、彩铅、动漫、国画等专业学科。

美术蛙的课程资源丰富有趣、生动形象，采用"4+2"的课程框架，在有限的学员周期内，学员能有效地得到知识的传授、接受、吸收、总结、回顾、发散的训练，同时采用少儿在线美术1对1直播互动教学模式，突破时间和空间的限制，学员可利用iPad、电脑、学习机等移动终端随时随地进行学习。

可见，兴趣教育所涵盖的年龄段不再有所局限。对此不少平台已经开始调整运营方向，将目标消费者瞄准成年人群，有刚刚迈入职场的人士，也有兴趣爱好广泛的爱好者，而且授课形式也越发新颖。

随着5G时代的到来，专业用户生产内容（PUGC）短视频顺势发酵，很多年轻人对短视频相关内容的学习需求也相应提高。因此，也有很多兴趣教育平台深耕短视频，利用3Dmax、PR、AE等技术大搞高体验的线上视频课程，以满足一部分年轻人的学习需求。

此外，还通过开放PC、微信、App等多个端口，让年轻人根据自己的实际情况，自主选择适合学习的端口，保障了年轻人上课的流畅性与体验感。

2.3.2 职业教育：将会迎来新的巅峰

面对日趋激烈的职场人才竞争现状，越来越多的职场人更加注重自我的职业生涯发展规划，自我驱动地去持续学习和提升自己，让自己性价比更高。即便是已经获得本科或本科以上文凭也不能阻挡他（她）们想要寻求再次接受系统教育的机会。在线职业教育的兴起无疑打破了时空限制，为职场人实现终身学习，不断提升自我的目标提供了新的机遇和更好的途径。

职业教育逐步成为共识，它的快速发展成为必然趋势。职业教育作为教育的重要组成部分，在经济重心和发展上都具有举足轻重的作用。深化职业教育改革也是现今教育工作者的重要任务。大力发展高等职业教育是我国在经济全球化发展形势下实现经济快速可持续发展的必然选择，是推进高等教育大众化的有效渠道，在我国落实终身教育理念、创建学习型社会和改善公民就业条件中，发挥主导作用，体现了"以人为本"的理念，有助于和谐社会的实现。

2005年国务院在下发的文件中明确指出，要将在线职业教育作为社会经济发展的一项重要工作。2015年《政府工作报告》中提出，全面推进在线职业教育建设，引导部分高校向应用型学院转变。"十三五"规划中，高等教育、职业教育、信息化、互联网化等关键词被多次重复性强调。

而2020年我国结构性失业人口规模约为1397万人，预计到"十五五"期间结构性失业人口规模约1490万人。而解决结构性失业，根本途径就是提升劳动力技能。新冠肺炎疫情的暴发，导致应届生的春招需求下滑，就业形势严峻，而职业技能培训有利于增强求职者竞争力。此外，职业技术学院和公职岗位的扩招政策，加速整个在线职业教育行业的发展。

目前，有大量职业教育培训平台，如以公务员考试、建造师、会计师和教师资格证等各种考试为培训目的的平台。

案例8

　　智慧职教，全称职业教育数字化学习中心，它是一个线上的教学服务软件，为老师和同学们搭建了一个非常方便的线上云课堂。它是由高等教

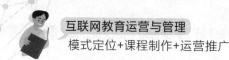

育出版社建设和运营的职业教育数字教学资源共享平台和在线教学服务平台，官网部分截图如图2-15所示。

图2-15　智慧职教官网部分截图

在国家政策的大力扶持下，职业教育获得突破性发展。根据2020年数据显示，我国在线职业教育市场规模达5800亿元，约占教育市场总规模的37%。参加互联网职业教育培训课程学习的消费人数迅速增加。

从消费群体的年龄结构来看，大多数学员年龄在25～49岁。其中，在线职业教育消费者多为刚出大学校门的应届毕业生，以及那些就业初期需要转变职业规划的学员，这部分人对职业教育的需求最为强烈。

再加上当前我国的学历型职业教育认可度较低，需要打通上升通道；非学历型职业教育发展形式多样但尚未起步，未来市场空间巨大。职业培训的目的是获得职业知识、提升职业技能，加速职业转型的同时提高职业综合素养。

随着国家政策的支持以及职业教育发展现状，未来就业培训的规模逐步上升，应试教育的比例有所下降，在线职业教育将会迎来巅峰。

2.3.3　学前教育："双减"政策下将受影响

学前教育关系到每个孩子的切身利益，打造高质量、多样性的学前教育成为大势所趋。在已有的教育产业中，学前教育成为重要细分市场之一。但就目前的形势而言，学前教育可谓是喜忧参半。

喜的是，随着"三孩"政策的逐步落实，促进幼儿健康成长，夯实幼儿成长道路的基础，成为重要的教育问题。这也使得3～6岁的学前教育市场未来将备受关注和期待。再加上大众对孩子教育的重视，学前教育互联网化逐步的被认可。

但2021年国家"双减"政策的发布，令很多教培品牌都暂停售卖学前班级的课程。学前教育课外培训板块受挫，这意味着对学前教育质量的要求更高。从"双减"政策，可以窥得学前教育今后的发展路径：杜绝提前教育和课外超前教育，以普惠园、公办园为主要抓手，将重点放在"在幼儿园园内不断提高学龄前教育质量"的方向。

综上所述，"互联网+学前教育"的方向主要体现在3个层面，具体内容如图2-16所示。

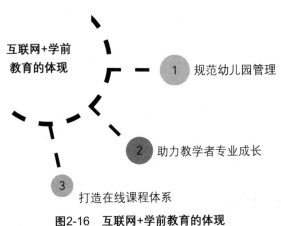

图2-16　互联网+学前教育的体现

（1）规范幼儿园管理

学前教育与互联网接轨，规范了办园行为，加强幼儿园的科学管理，提高保育和教育质量，促进幼儿身心健康。

案例9

慧沃公司是一家专业互联网科技公司，致力于在"互联网+教育"行业中打造一个全新品牌。其旗下的慧沃网，是一个提供幼儿园智慧办园解决方案的幼教在线平台。

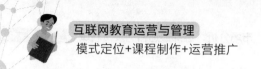
> 该平台主要向幼儿园提供很多在线运营解决方案。例如，开发多屏教学互动系统、智慧课堂、宝贝+App，其中不同系统承担不同功能项目，如智慧课堂是慧沃网的核心内容，宝贝+App是慧沃网产品的手机端，其功能大致包括家园互动、教学者办公、教学管理、幼儿园网站建设等内容。

幼儿园依托教育云平台，运用互联网技术全面支持内涵建设，创新安全管理的内容和形式，使互联网技术与人防、物防、技防有效融合，形成了高效、便捷、有序的智能安防管理模式。将保教管理、教研管理、课程管理、幼儿管理、家园协同管理、后勤管理多方面进行优化整合，让幼儿园的管理有迹可循、有据可依。

（2）助力教学者专业成长

"互联网+学前教育"能助力教学者的专业成长。现代信息技术的发展，要求教学者具备新型的专业素质。幼儿园通过互联网技术破解教学者队伍建设的困境，创新教学者培训与培养方式，助推教学者专业发展模式的建立。根据教学者实际情况，采用信息化园本培训和自学相结合的方式，提高教学者信息化素养，充分利用现代化信息技术，优化课堂教学，提高保教质量。

（3）打造在线课程体系

"互联网+学前教育"不仅仅体现在管理的科学化，设备的智慧化、自动化，教学者的专业化等，还有课程的在线化。当前，我国学前教育课程体系可以说已经非常完善了，但主要限于线下，线上课程仍面临着诸多阻碍。

首先，儿童的心智发育不成熟、自制力差；其次，教育培训机构鱼龙混杂，缺乏科学理论支撑和标准办学体系指导；最后，父母对在线学前教育平台的不信任，多数家长认为孩子在幼儿园学的课程就足够多了。

2.3.4 高等教育：稳步发展，潜力巨大

高等教育进入大众化发展阶段，发展空间巨大。据有关数据显示，2020年全国高等教育在校生3431万人，较2019年减少了29万人；毕业生人数达到727万人，比2019年增加了26万人。

在线高等教育属于资源型学习（Resource-Based Learning）模式中的一种，强调以学习者为中心，强调学生学习的主动性和自觉性。通过引导学生运用丰富的资源经过探究过程去解决问题。以培养学生独立学习的能力为出发点，符合终身学习的思想。目前，在线高等教育模式主要有两种：远程实时授课和远程课程自学。

其中，远程实时授课模式可简单表达为"直播课堂+网上自学课程／讨论答疑+教学站辅导"，学校通过搭建通信卫星或计算机互联网双方交互视频会议系统，将教学者在校内课堂授课内容实时的转播到各远程的教学点。

远程自学课程模式可简单表达为"自学课程+网上讨论答疑+教学站辅导"，学校将模范教学者的讲课视频录制成视频课程流，或者由教学者自行依据讲课内容与讲课逻辑制作成CAI课程，把课程刻录到光盘上，通过邮政系统发送到各教学站点或学员手中。该模式下学员的学习自由性较强，时间可自行控制，可以集中在教学站点观看课程，也可以在家上网点播课程，基本上通过看视频和课程，便可以快速把握课堂重难点。

在线高等教育是高等教育的必然趋势，该趋势蕴藏丰富内涵，它是始终坚持开放理念的全新教育模式，对师生要求较高，有助于推动教育目标的实现和教育民主化进程。目前，"互联网+高等教育"模式尚存在四个方面的缺陷：一是个性化学习质量难以保证，二是复杂性思维教学难以实现，三是在线学习成果难以认证，四是网络资源可能沦为"数字废墟"。为科学、有效地利用互联网，使之更好地为高校教学服务，大学生在线学习应注重虚实结合，加强制度保障，倡导人际互动。

目前，国内高等在线教育平台数目较多，其发展规模大小不一，下面以BBS、云图教育平台为例进行说明。

案例10

法国布雷斯特商学院（Brest Business School，简称BBS）成立于1962年，是中华人民共和国教育部官方机构"教育部涉外监管信息网"公布承认的法国大学，学校受法国教育部权威认可，其颁发学位国际认可通用。BBS是一家受中法两国政府认可的老牌法国精英制商学院，强调严格选

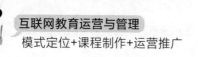

拔，注重实践。

BBS以优质的师资力量、上乘的办学理念，不断融合国际先进教学资源及管理知识，为中国企业家的发展注入新动力。

案例11

云图教育平台致力于为学员提供各类高等教育考试服务，如考研公开课、考研专业课、大学期末考试、大学四六级考试、教学者资格证考试、计算机等级考试以及会计考试等。云图教育的优秀名师资源采取免费公开课、拼团和优惠券等形式来吸引潜在学员付费学习。

同时安排客服人员为学员制订一对一学习计划，推荐有用的学习资料，开设小班课程并设置QQ、钉钉、微信群，来督促学员完成每日打卡学习任务，有助于加强学员间学习合作，有利于教学者第一时间与学员沟通，了解其学习进度。未来高等教育市场规模仍占据较大比重，高等教育模式日益成熟化，在线高等教育市场将实现平稳式发展。

在线高等教育是在线教育发展的高级阶段，可为有提升学历需求的人提供受教育的机会。就当前发展阶段而言，整个高等教育的在线化不仅仅是课程的在线化，更不仅仅是在线信息和交流技术的简单应用。在政策红利推动下，尤其是2014年国务院取消和下放"利用网络实施远程高等学历教育的网校审批"，审批门槛的降低将刺激教育资源的迅速增长，以及相关行业供应商的长足发展，未来潜力巨大。

2.3.5 留学教育：整体规模稳步增长

随着留学政策的放宽，我国迎来留学发展黄金时期。出国留学人数不断增长，已经成长为全球第一大国际生源国。根据教育部数据，从1978年到2021年底，各类出国留学人员多达600万人，留学服务市场规模及增速也呈增长趋势。

2020年受到疫情的影响，出国留学人数有所减少，市场规模和增速都有所放缓。2016—2020年我国出国留学服务市场规模及增速，如表2-8所列。

表2-8 2016—2020年我国出国留学服务市场规模及增速

年份	市场交易规模/亿元	增长率/%
2016年	3032	—
2017年	3396	12.0
2018年	3745	10.3
2019年	4296	14.7
2020年	2553	− 40.6

目前，我国留学行业市场潜力大，具体可以从留学人员年龄分布、地区分布、留学国家分布等方面进行分析。

（1）年龄分布

从出国留学年龄来看，各个年龄段都有，但近半数在18～21岁。2021年我国出国留学人员年龄在18～21岁的占出国留学人数的48%，其他年龄段占比如图2-17所示。

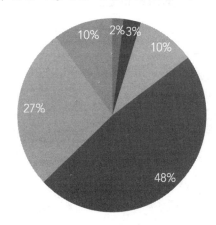

■12岁以下 ■12~14岁 ■15~17岁 ■18~21岁 ■22~24岁 ■25岁以上

图2-17 2021年我国出国留学人员年龄分布

（2）地区分布

从我国各地区出国留学人数来看，华东、中南地区较多，占到总人数的50%以上。2021年华东地区出国留学人数最多，占出国留学总人数的29.06%，其次是中南地区，占到28.26%。各地区占比如图2-18所示。

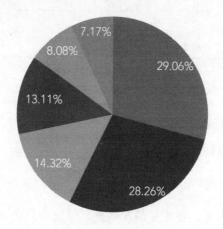

图2-18 2021年我国出国留学人员地区分布

（3）留学国家分布

2021年，我国留学生留学的国家和地区分布中，前往美国留学的人数较多，其次是英国，还有加拿大、澳大利亚、日本等，具体如图2-19所示。

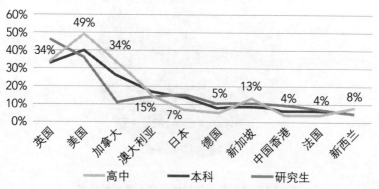

图2-19 2021年我国留学生留学国家和地区

鉴于以上分析，国内的在线留学教育平台也应运而生，数量众多。这类平台主要提供留学服务，组织雅思、托福、GRE等语言类考试培训，并逐渐成为留学企业或机构的首要功能，像启德等推出特色留学课程，每年都有大量学员报考学习。

案例12

启德教育是国内留学在线教育平台，它提供一站式留学、考试培训及游学服务，该平台教学者拥有丰富的留学经验，针对不同学段（初中／高中／本硕博）留学需求的考生，制订高效备考计划，并在相关界面上发布留学热点需求、留学院校库、留学费用、申请条件等。

留学教育平台作为留学中介，得到越来越多学员和父母的审视或关注。需要注意的是，目前的留学教育平台，发展规模大小不一，质量良莠不齐，作为创业者在介入这一领域时需要认真调研，取长补短，补齐短板。

2.3.6 语言教育：机遇和竞争并存

语言是一门工具，对语言的学习有助于学员同他国人进行正常互动与交流，语言是跨文化交际的重要桥梁，也是文化传播的载体，人们通过语言教育来拓宽眼界、开拓思维。21世纪，我国迎来了数字化智能时代，未来人才的核心竞争力在于其创造力与思辨能力，而创造力和思辨能力的培养，离不开语言教育学习，学会不同国家的语言接触到不同文化、跳出思维定式，这是帮助学员提高创新思维和创造力的一种非常深刻和重要的方式。

由于语言培训刚需始终存在，在线语言培训平台技术日渐成熟，这使得我国互联网教育发展有了新导向。2017年，我国在线语言培训市场规模已达到375.6亿元，同比增长22.8%。按照职业教育部分占比40%估算，2017年国职业人群的在线语言培训市场规模达到150.24亿元，具体数据如图2-20所示。

图2-20 2016—2019年在线语言培训市场规模

可见，在线语言培训行业的市场规模可观，但增长速度却在变慢，这是因为我国线下外语学习环境得到明显改善，但受全球疫情的影响，出国留学和外语学习需求不如以前。目前，在线教育的竞争格局分散，差异化产品优势的企业脱颖而出，现在市场上提供的语言培训类机构主要分为四大类：综合类课程教育机构、口语类机构、出国留学类机构、小语种类机构。

在线语言培训教育市场的竞争格局呈现出两极化特征，一种是品牌知名度高的培训产品，另一种是品牌质量差、知名度低的培训产品。

"双减"政策全面实施以来，教育部明确规定，禁止面向6岁以下孩子的学科培训包括语言类培训，禁止面向6岁以下孩子的线上教育培训，不再审批新的面向中小学生的校外线下学科教育培训机构。因此，语言类培训逐渐向成人、职业教育方向转变。

在教育调整的大形势下，我国在线教育培训市场是在机遇与挑战中并存的，其发展趋势呈现出3大特征。

一是移动端语言学习形式逐步普及，手机学习支持功能完善，多屏互动教学方式应用范围扩大，学员不必再局限于电脑前，可利用碎片时间，随时随地进行学习，伴随着5G网络的普及应用，移动端学习学员数量将会猛增。

二是传统语言培训机构将会结合互联网O2O模式实现转型升级，而传统机构一方面希望借助在线教育的新契机，开拓线上新业务；另一方面，也希望借助互联网的力量优化升级线下业务，借助O2O模式撬动在线外语市场。但从目前营收现状来看，转型之路机遇和挑战并存。

三是在线语言教育垂直领域细分特征明显，其发展前景值得商榷。在线教育门类和细分将非常复杂，短时间内建立"大而全"的平台难以实现，这是因为此类教育平台需要大量好的教育者和运营者来产生好的教育内容，对于人才的供给提出相应挑战。

但这并不意味着互联网在线语言教育没有市场。随着互联网技术的普及，基于国内严峻的语言应试形势，很多在线教育平台还是会像雨后春笋一样出现在我们的生活中，为我们的教育提供更多的语言资源。

2.3.7 MOOC：教育产业后起之秀

2015年我国在线教育市场规模已达到1745亿元，这一数据随着教育市场的拓展不断攀升，截至2020年，我国在线教育市场规模已达3984亿元，迎来了互联网教育行业的发展巅峰期。可见，在线教育拥有着不可估量的发展前景，吸引着大量创业者和互联网巨头涌入，使得教育行业发展呈现出百花齐放之貌，各种模式的平台纷纷出现，业界很难有统一的模式得到认可。

MOOC（慕课）兴起于美国，2012年后在我国得到普及。以网易旗下网易云课堂为例，2014年宣布引入包括从大一到大四的全套计算机课程，该课程以MOOC的形式展现给学员，并且吸引了北大、清华等名校在这一"风口"上发力。MOOC的入局，在一定程度上打破了混乱的在线教育中难有新兴模式被认可的困局。

MOOC经过全球20多年的网络教育实践，找到了有效切入点与应用模式，主要具备以下优势：多媒体教学优势、网络教学优势、双向互动教学优势和碎片化教学优势，不同教学优势都是依据学员心理特征、学习规律、课程实践加以提炼的。

"MOOC"分别代表Massive（大规模）、Open（开放）、Online（在线）、Course（课程）。2014年4月29日，教育部成立了在线教育研究中心，并开始推广MOOC模式。MOOC由此在国内脱离了等同于公开课的认知，走向多元化发展。高等教育出版社（以下简称高教社）、网易、清华大学等涌入MOOC平台的建设大潮里，陆续上线多家平台。

MOOC自上线以来，课程数量呈增长趋势，短时间内上升至1250门课程，未来MOOC在我国乃至全球发展的强劲势头不可阻挡。

案例13

优课在线，如图2-21所示官网部分截图，是新一代互联网自主学习平台，可为用户提供MOOC、混合式学习及SPOC学习方式。

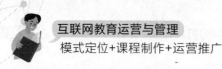

图2-21　优课在线官网部分截图

　　根据有关机构介绍，MOOC在我国形成三大领军组织，包括全国地方高校UOOC联盟、东西部高校课程共享联盟和上海课程共享中心。其中全国地方高校UOOC联盟于2014年5月成立，56所高校加盟，各自分布于全国40个地方，广东占有18所，当前在建课程有10门。东西部高校课程共享联盟于2013年4月组建，加盟高校70多所，上线课程42门，认证课程有23门。上海课程共享中心于2012年5月组建，有30所高校加入，上线课程52门，认证课程27门。表2-9列举了我国代表性MOOC平台及其具体发展状况。

表2-9　我国代表性MOOC平台及其具体发展

序号	MOOC平台	基本情况	课程数目	盈利模式
1	清华学堂在线	2013年10月上线，教育部在线教育研究中心的研究与交流平台	共165门，本校课程12门，其他课程为edX课程	当前免费
2	东西部高校课程共享联盟	2013年4月组建，共70多所高校加盟	上线课程42门，认证课程23门	学分课程按学校选修课学分要求缴费
3	上海课程共享中心	2012年5月组建，30所上海高校加入	上线课程52门，认证课程27门	学分课程按学校选修课学分要求缴费
4	全国地方高校UOOC联盟	2014年5月组建，56所高校加盟	当前在建课程10门	当前免费

序号	MOOC平台	基本情况	课程数目	盈利模式
5	果壳网MOOC学院	Coursera、edX、Udacity、MOOC、Future Learn University、学堂在线 复旦大学等平台课程	基本为引进或外链，共1247门课	当前免费
6	爱课程网（我国大学MOOC）	高等教育出版社主办。是教育部、财政部"十二五"期间启动实施的高等学校本科教育	在线课程10门，即将上线51门	当前免费

MOOC在联盟院校建设和推广应用，并采取非市场化运作手段向非联盟高校和社会学员开放。作为教育产业的后起之秀，在国内纷繁复杂的互联网教育环境下，将日益凸显出自身课程、技术和教学优势，其应用普遍性和有效性大大提升。

2.3.8　K12教育：面临调整暂时遇冷

K12教育是一种教育类专用名词，是英文kindergarten through twelfth grade的简写，原指北美国家学前教育至高中教育这一阶段教育的统称。在我国，K12教育分为中小学教育阶段和高中教育。

（1）中小学教育阶段

中小学教育习惯上又叫K9教育，是K12教育中最重要的组成部分，可以理解为基础教育，相当于我国的九年义务教育阶段。2021年以来，我国K9教育领域出现了重大变化，以国家出台针对中小学生的"双减"政策为主（2021年7月24日中央办公厅、国务院办公厅印发《关于进一步减轻义务教育阶段学生作业负担和校外培训负担的意见》），可以概括出以下特点：政策调整，需求分化，暂时遇冷。

根据某机构发布的《全国中小学生学习压力调查》数据显示，近些年中小学生课外学习时间过长，累计长达10080小时，每天睡眠时间不足7小时，中小学生学习压力非常大。在针对中小学生的"双减"政策中，"义务教育学科类培训"多次被提及。受此影响，教培行业也受到很大的影响，大力收紧中小学校外培训，整顿、取缔不符合规定的机构、平台将有可能成为一种长期政策执行下去。

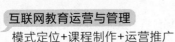

因此，国内各大K12在线教育平台或全面、或局部停止小学、初中教育课程，高中教育正逐步成为其主力。

当然，这也并不意味着中小学阶段的教育培训将会被全面禁止，仍有不少平台保留这些业务。需要注意的是必须做出重大调整。

1）控制培训时长

"双减"中最令K9教育"元气大伤"的是对培训时间的限制。严格执行《未成年人保护法》的有关规定，校外培训机构不得占用国家法定节假日、休息日及寒暑假期组织学科类培训。一次性收取培训费用的时间跨度不得超过3个月。

2）调整培训目的

中小学阶段的学习重在培养兴趣，而不是提升成绩。"提升成绩"这一需求，已经不能作为校外培训的导向和需求点。在新一轮素质教育改革中，应试教育必将会被削弱，以提升素质、培养兴趣为目的的教育比重将会提升。这意味着，未来的K9教育可以围绕兴趣培养设置课程，注重学生综合素养的提升。

（2）高中教育阶段

我国对K12教育的范畴的定义还有很大的争议，分歧在于应不应该包括高中教育。不包括的理由是，K12教育是从外国引进的一个概念，这个概念是针对已经普及高中教育（12年）的国家实施的，而我国义务教育只普及到初中阶段，因此不应该包括高中阶段。

目前我国很多K12在线教育平台课程基本都是针对12年的教育而设置的。因此，普遍认为K12应该包括高中教育。

K12高中阶段的培训教学目的与K9不同。高中生面临着巨大的升学压力，对教育的需求着重在提升学习成绩上。因此随堂学习、课后作业等课程深受欢迎，但由于高中生自由分配的时间较少，学校也不会完全放开使用校外培训。所以，校外培训机构要想切入高中教育领域，还要安排好课程时间，平台要有特点，根据自身情况来定。

第 3 章

模式定位：
构建在线教育平台的基本框架

模式决定经营效果，做好互联网教育的前提是必须了解每种模式的原理、操作方法。本章主要介绍互联网教育的经营模式、授课模式、盈利模式，通过对这些模式的学习，可以对整个互联网教育有更清晰的认识和判断，为正式运营奠定基础。

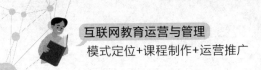

3.1 平台经营模式

3.1.1 B2C模式

B2C又称Business to Consumer，其中文意思是"商对客"。B是Business，指企业，2则是to的谐音，C是Consumer，指消费者，意思是直接向学员销售产品和服务的模式。

该模式是在线教育平台经营模式中运用最多的一种模式，目前，市面上大多数在线教育平台都在使用这种模式。

案例1

长投学堂创办于2010年，是长投网在移动端开发的一个投资理财课程学习应用。其目标是借助"轻课程"为小白理财者提供精准的内容服务。学员就是中心，一切以提供优质的学员服务为主。

长投学堂主打低价的小白类课程，直接面向零基础的客户。学员以35岁以下为主，占到总人数的80%，其中有15%为大学生。

比如，入门级的理财课程产品"小白理财训练营"就是非常初级的内容，包括"何谓理财、投资""资产配置""保险"等内容，精选课程还包括基金投资训练营、股票投资训练营等非常基础的内容，是入门级别课程，如图3-1所示。

图3-1　长投学堂入门级别课程

　　51Talk以B2C模式顺利打入了非应试语言培训市场，坚持典型的互联网思维——"掌控消费者心理"，从海量试听学员中筛选出有意向的付费学员。同时，51Talk采取一对一教学模式，基于地域式架构从全世界选出性价比高的教师资源——菲教。

　　菲教借助互联网教育平台信息化传播速度快、范围广的优势，对接菲律宾廉价教育资源，通过压缩成本将价格降低至原先的1/5，以扩大市场份额。该模式打破地域界限的一对一模式，低薪纯种外教和可观收费，真正实现卖家多挣钱、买家少花钱的目标。

　　B2C平台又可分为自营类平台，如91外教网、中华会计网校等，以及以开放内容来源为主的开放类平台，如Y教育、腾讯QQ、微课网。

（1）自营类平台

　　自营类平台是指平台提供内容，包括视频、音频、文字等，像传统远程教育、网校的主要模式。相较于线下教育，其优势在于突破了地域限制；突破了师资限制（尤其是小众类、专业类培训）；价格相对低廉；学习次数不受限制；内容库累积后延展性较好等。

　　目前这类平台占有相当大的市场份额，但劣势也不少。相对线下教学体验较差；内容来源单一有限，很难产出高质量内容。这也是这类模式大都局限于成人职业考试培训类的原因，目前发展较好的B2C自营类平台均是以职业培训为主。

　　从教学形式上看，自营类平台又分为直播类和录播类。直播类相较于录播类体验明显有所加强，但由于技术平台、师资等原因，相对成本也较高，有的精品外教课程价格甚至超过了线下课程。而录播类由于其扁平性特点，多以职业考试培训类见长，另外附加在线答疑、知识点答疑等服务是加强录播类课程体验的主要方式。

　　未来利用互联网的技术优势，在教学手段和配套服务上多做改进和研究、注重流程管理，进而让录播课程能够给学员提供线下所无法提供的教学体验，如大数据分析等，将是此类模式的主要竞争力。

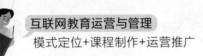

（2）开放类平台

开放类平台授课形式以语音和直播为主，以传课网、微课网等为典型代表。

开放类平台与自营类平台的主要区别就是平台不提供内容，只提供技术支持和智力支持，内容由学员或自媒体提供。

以云朵课堂为例，其对于在线教育平台开发搭建非常专业，提供一站式的在线教育平台解决方案，并且还免费提供后期服务，这样需要投资的钱就更少了，线上课程的价格也只有线下的一半左右甚至更低，可谓是质优价廉的线上课程。

这类模式的优势是平台本身能够带来庞大的流量，便于语音、视频类技术平台搭建；劣势是不同流量来源带来的学员较为庞杂，转化率较低，开放内容必将带来内容质量的把控问题。

总之，B2C模式教学场景丰富，是最容易被消费者接受的。该模式的发展经历了从最初的录播课程到直播、录播相结合，从独立的大班课再到一对一、混合类、高度垂直类课程产品，例如语言培训、职业培训、技能培训等，使得在线教育标准化，课程内容也令人放心。

目前只有早期混合B2C模式的教育公司发展良好，而那些想凭借或依靠传统录播课的教育企业，其产品特征或收入规模都不如B2C模式的教育企业。

3.1.2 C2C模式

C2C，又称Consumer to Consumer，中文意思是"客对客"，是指客户自己将内容放到平台上去，然后再供其他人学习使用的一种模式。比如，讲师团队或者个人讲师入驻平台，通过与平台的合作，向学员提供教育服务。

C2C的本质是供需连接，类似于淘宝运营模式，一方面将流量或学员转卖给内容提供商，另一方面利用内容提供商的吸引力，反哺平台，为平台吸引获取更多学员。

这种模式优势十分明显，对于平台方而言，搭建教育资源共享平台，为学员提供全面的服务。通过去中介化，让学员和家长可以和老师直接接触，最大限度地避开需求中间环节，只要平台能为需与求提供良好的中介式的服务，解决信息匹配问题即可。

C2C模式优势很多，但劣势也很明显，导致在运营过程中出现很多问题。

（1）品控问题

由于内容的输出方难以把控，只作为中间商的平台必然会导致产品质量以及其他边际问题。类似于淘宝假货、滴滴的问题司机、Airbnb的照片房等。

因此，C2C平台模式下，品控问题是一个无法解决的难题，品控把握可能更多依赖平台的人工审核。

（2）流量问题

还有一个弊端是流量问题。C2C平台最重要的是流量，持续的流量等于学员，没有持续且廉价的流量则难以运行。BTA等大型公司做平台模式，可利用自身渠道对网站进行多渠道的导流，或通过前期大额补贴的形式将被服务方带入平台，最终让服务者能够通过平台获得超出预期的收益，打造平台内自运营的良好生态。

但对中小平台而言，这种模式相当困难。因为仅自有流量就需要花费较高成本，前期投入巨大，用流量换回来的收入有可能在较长的一段时间内都无法支持支出，这也直接导致新兴网站很难与之抗衡。

不过，BTA等大型公司做平台模式，其产品多元化必然导致平台或部分产品不够深入和精细。未来，课程类型和数量都会越来越丰富，而C端讲师水平层次良莠不齐难以有统一的评判标准的问题会越来越严重。

完善的教学体系评价系统一定是未来平台的重中之重。仅仅依托流量和学员，产品打磨如浮光掠影一般，没有深入学员需求，不懂教育不懂家长不懂学员，那么也只是蜻蜓点水外围打转。

3.1.3 O2O模式

O2O是Online to Offline的简写，即将线上和线下结合的模式。早期在团购平台应用较多，例如滴滴、美团、大众点评等。通过线上获得大量流量，然后再将其引入线下。在线教育的一些平台也引入了这个概念。

有的是线下教育机构，开始转做线上授课；有的是线上教育，开始发展线下。总之，其目的就是打通线下和线上双线闭环。

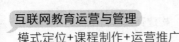

案例3

第九课堂是一家专注于互联网人才培养的O2O教育平台，提供互联网产品经理、产品运营、数据分析和广告营销文案等新兴互联网职业培训。其课程包括互联网产品经理训练、产品运营、数据分析和广告营销文案等新兴互联网职业培训。

与传统教育不同，第九课堂的教学者以数以万计的网民为基础，每个人都可以根据自己的特长和经验发布课程并收取学费，每个人也可以根据自己的兴趣爱好搜索课程并报名参加。第九课堂是教、学互动，分享、交流一体化平台，每个人既是教学者也是学员，既是授课者也是学员。

O2O这种模式的优势是将学员和流量从线上引到线下，学习场景放在线下进行，将机构／教学者信息集中起来，然后分发给学员。同时，无需开发相关配套产品，摒弃了传统教育那种"笨重"的录播或直播视频，很大程度上提升学员筛选效率和选择空间。

充分挖掘线下资源，将具有不同教学特色、不同教学方式的教学者信息及学员评论通过平台展现给学员。学员端拓展了选择，消除了信息不对称，为学员做决策提供了参考。教学端，帮助机构／教学者提高曝光度，降低运营成本，为中小机构以及个体教学者增加了机会，提高了竞争力。

O2O模式相对简单，盈利相对较为容易，而且符合大众传统的消费习惯。但其对运营和产品本身要求较高。产品需要匹配学员需求，直击学员痛点，比如职业培训、教育培训，能够给学员带来实际的效益。运营就是在成熟产品的基础上，不断创新，需要大量流量。

3.1.4 B2B模式

B2B（Business to Business）是指依靠企业与企业创建的商业关系的一种模式。向企业、政府、学校、团体提供在线教育服务的都属于B2B，如企业内训、客户培训以及合作伙伴等。例如，某二线城市，有很多类似乐高教育的教育机构和中小学合作开展机器人课堂等素质教育。在麦当劳中只能买到可口可乐，两者的商业伙伴关系也属于B2B。

B2B模式主要针对B端的3大需求，如图3-2所示。

胜任力类　　技能类　　考试资格类

图3-2　B2B模式针对B端的3大需求

大部分B2B业务是为了解决胜任力类和技能类需求。在各类组织中，人们习惯对在某个等级称职上的人员进行晋升提拔，因此很多人被晋升到其不称职的地位。

这样的事情发生得相当多，部队中一名列兵可以是因为单兵作战能力过硬成为优秀士兵。但是当上升到了排连级，个人的单兵战力不是主要能力，更重要的是战术才能。再往上到营团级，那得具备非常高的"领导力"让身边的人信服你。再往上就是师军级，这也就是我们常说的彼得原理。

对任何组织而言，一旦相当部分人员被推到其不称职的级别，就会造成组织的人浮于事、效率低下，导致平庸者出人头地，发展停滞。将一名职工晋升到一个无法很好发挥才能的岗位，不仅不是对本人的奖励，反而使其无法很好地发挥才能，也给组织带来损失。而解决胜任力问题就是很多B端企业需要解决的需求。

（1）降低需求企业成本

如果由企业自身培训胜任力，需要自创一整套完整的流程。仅费用开支就已经是一笔巨大的投入，而专业对口的在线培训企业可以较好地解决这个问题。需求企业完全可以整合企业内部的培训需求，统一向培训企业进行采购，在获得完整培训的基础上还能实现批量采购获取折扣，减少经费开支。

（2）扩大市场机会

企业通过与潜在的客户建立网上商务关系，覆盖原来难以通过传统渠道覆盖的市场，增加企业的市场机会。譬如网上推广直销，往往可以带来部分来自中小企业的新客户，扩大品牌知名度和市场份额。

行业规模问题一直也是B2B模式下在线教育难以突破的瓶颈，市场更多的是受到社会大环境、国家政策以及关键人才的影响，发展业务更多依赖BD（商务拓展）去推动。

3.1.5 B2B2C模式

B2B2C是一种网络购物商业模式，B是Business的简称，C是Consumer的简称，第一个B指的是商品或服务的供应商，第二个B指的是从事电子商务的企业，C则表示消费者。

这种模式的搭建是与线下教育机构合作，让个人教学者入驻到线上平台，并向学员提供所需课程资源。结合B2C商业机构面向消费者的电子商务与C2C相比较的网上个体交易领域，B2B2C模式更像是两者形式与资源的综合。两者连接起来将教育内容整合为教学过程，为各环节提供技术、功能和服务，并实现教育内容变现的互联网第三方教育平台。

该模式与B2C模式的共同点是都采用线上教学场景，区别在B2C模式通常学的是单向知识领域，例如在某个证券教育平台学习了炒股十八式，当你从第一式学到十八式后，你就秒变炒股达人。但是B2B2C模式下的在线教育平台属于教育资源的载体，意味着学员不但可以学会炒股十八式，还可以学会其教育学垂直领域的知识，如《三十六招教你如何省吃俭用》。

从付费角度分析，B2B2C模式的雏形是B2C模式，将多种学习内容按照场景分阶段进行，实现教学结构的体系化。而知识付费平台是零散的碎片化，以轻知识为主，例如20分钟"微课"市面上有很多，方式也以轻量的文字、图像、音频、视频等输出。

案例4

沪江网校是一个小语种学习平台，涵盖语言、留学、职场、兴趣等领域。为抢占知识付费的新兴市场，其于2016年10月搭建了一个实时互动教育平台——CCtalk。该平台属于综合性在线知识学习平台，本身不生产内容，由入驻平台的第三方教育机构或网师进行授课，授课内容涵盖知识、兴趣、社交、实用技能等，内容更加多元化。

CCtalk拥有全面的课程，整合了沪江旗下的题库、听力、背词、词典等辅助学习工具。内容涵盖英语、考研、考证、绘画兴趣、设计IT、小语种等多个细分领域课程，如图3-3所示。而且可以通过"直播+录播+互动"等方式深度还原真实课堂教学场景，包括双向音视频、双向白板、课程播放、举手提问、桌面分享等教学工具，保障了师生双方充分沟通交流。

图3-3　CCtalk细分的课程

在不到一年时间里，凭借"平台+工具+运营"三位一体的优势，CCtalk的版图迅速扩大。新CCtalk业务自推出以来发展迅速，收费课程由2016年三个月的459门增加到2017年全年5989门，付费学员从20922个增长到255298个，平台商户和自雇网师数量从2016年的992个、1183人增长到2017年的2187个、41534人。

B2B2C模式的平台主要面向两类学员：一类是垂直于教育领域的在线教育企业，拥有丰富的教育从业经验和教育资源，为谋"新出路"搭建平台。另一类则是跨行业进军在线教育的流量巨头，品牌知名度高且拥有大量低成本流量和庞大的学员群体。

3.1.6 MOOC模式

MOOC模式是针对专门慕课而言的，慕课不限制参与学习的人数，坚持开放性浏览。该模式也会提供教材，在平台上搭建知识讨论区，并安排教学者和助教共同运营管理。

MOOC模式的兴起与发展主要与学员强烈的参与动机有关，例如高品质教材、低价格学费、学习时间弹性强，以及学员自身对知识的特殊需求。

案例5

MOOC学院是果壳网旗下的一个讨论MOOC课程的学习社区。MOOC学院收录了主流的三大课程提供商Coursera、Udacity、edX的所有课程，并将大部分课程的简介翻译成中文。学员可以在MOOC学院给上过的MOOC课程点评打分，在学习的过程中和同学讨论课程问题，记录自己的上课笔记。

MOOC学院的定位是讨论、点评和记录课程，课程是属于其他平台的，MOOC学院不直接收录课程内容，只是专注于帮助学员互相交流，发现课程。

MOOC课程主要以提供证书（certification）为主要收入，企业赞助、学费收入、人才的媒合、学习服务以及企业代训为辅助性收入。因此，该模式面临着经营时间、高品质教学要求、品质与方法的完成比例，以及学习评价和成绩的证明等内容的挑战。

慕课由于其设计理念、传播范围、采用技术、适用对象以及教学目标的不同，衍生出许多种类，最常见的有3类，如图3-4所示。

三类慕课无论是理论基础、教学方法还是课程组织、表现形式、学习方式都有很大的区别。具体如下表3-1所列。

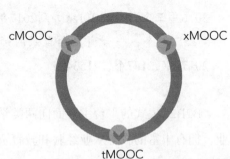

图3-4 慕课的3个主要种类

表3-1　三类慕课的区别

种类 ＼ 维度	cMOOC	xMOOC	tMOOC
时间	2008年	2011年	2012年
理论基础	建构主义、联结主义学习理论	行为主义学习理论	建构主义学习理论
教学方法	联结主义、社会建构主义、根茎式学习、个人学习网络	教授主义、传播式教学、认知-行为主义	建构主义、任务教学法
课程组织	自组织	他组织	他组织
表现形式	基于知识网络的	基于内容的	基于任务的
学习取向	侧重于知识建构和创造	侧重于知识传播和复制	侧重于技能的获得
学习方式	强调创造、自治与社会网络学习	强调视频、作业和测试等学习方式	强调学习共同体、案例及支架

（1）cMOOC

cMOOC以建构主义、联结主义学习理论为指导，侧重知识构建与创造，强调创造、自治和社会网络学习。cMOOC强调联结的建立和网络的形成，而联结的建立和网络的形成主要依赖于学员间交互的深入开展，因此学员间的交互成为最主要的交互形式。学员运用社交软件，围绕专题开展研讨，每1～2周探究一个专题，师生共同贡献思想，属于知识建构型。

（2）xMOOC

xMOOC以行为主义学习理论为指导，其核心是斯金纳的操作性条件反射理论，一般采用大量典型的认知-行为主义教学法，侧重学习内容、知识传播和复制，强调视频、作业和测试等学习方式，学员主要通过观看教学视频学习，辅以在线测评、同伴互助及编程练习，属于知识复制型。

（3）tMOOC

tMOOC以建构主义学习理论为指导，采取基本任务的学习方式，如在新媒体传播课程中，要求学员利用工具独立编写数字化故事，然后在网上提交作品，教学者仅起指导作用。这类慕课坚持开放的理念，同时规定注册的学员必须来自被认证的大学，以控制运行规模和操作认证。

3.2

平台授课方式

3.2.1 按授课规模看

根据学员规模来分，授课方式可分为一对一授课、一对多授课。

（1）在线一对一授课

在线一对一授课，是指一名教学者在某段时间只对一名学员授课，一般是按照课时收取费用。

这种方式的优势是针对性强，学习效率极高，能充分针对学员的特长、兴趣来进行，更有利于学员对知识的吸收和学习，受外界干扰较小。

大多数平台上都设有一对一的课程，又叫精品课。比如，轻轻一对一，就是以一对一课程为特色。

在线一对一授课是随着现代教育而兴起的一种个性化教育方式，充分体现了以人为本的教育理念。这种方式有很多优势，具体如下。

1）服务个性化

在线一对一授课通过对学员的全程个性化服务流程，为每一个学员进行个性化的诊断测评、匹配适合的优秀教学者、量身定做个性化的教学方案、进行个性化的辅导教学，帮助学员培养良好的学习习惯、开拓学习思维，获得学习成绩与综合素质的双丰收，为学员的终身学习能力打下基础。

2）内容更丰富

在线一对一授课可以根据学员不同的学习阶段、学科特点和辅导需求，为学员定制个性的辅导内容。其主要包括校内各科目个性化一对一同步辅导、面向基础知识薄弱的考生提供个性化委托辅导等。

3）时间灵活

在线一对一授课为学习提供了灵活的上课时间，学生可以根据自己的时间灵活安排上课时间，使学习更加方便合理。选择可以由学生和家长掌握，选择适合自己、自己满意的教学者，让教学者和学员更默契地配合，更快地提高成绩。

（2）在线一对多授课

一对一授课模式尽管优势很多，但费用较高，课堂气氛也较差，因此就有了一对多的授课模式。这种授课方式可以更加真实地模拟课堂的教学环境，充分让教学者与学员实现互动。师生互动交流讨论，打造活跃、真实的在线教育氛围。多种在线培训辅助工具，能帮助学员轻松应对学习，随时发言和提问。

3.2.2　按授课形式看

从平台承载内容的方式来看，授课形式可分为在线直播和录播两种方式。

（1）在线直播

一场突如其来的疫情让很多一线教学者变身"网红主播"。同时，也为响应"停课不停学"号召，很多教育机构、学员都开启线上直播授课。一时间，直播教学相关话题成为大众讨论的焦点。在线直播授课，是教学者在平台上以直播的方式，同时为多名学员讲课。直播授课逐渐成为平台宠儿，很多平台迎合趋势，开通直播授课。

案例6

格子匠是专业的在线教育软件平台，为教育培训机构提供在线直播系统，大班直播／小班直播／1V1直播多种教学形式，支持App、PC、H5、小程序等多终端直播。

特色在于其小班直播功能，使用多种场景，如图3-5所示，支持1V1、1V6、1V16三种小班模式，最多支持16人面对面授课，满足教育培训机构各种在线教学场景需求。小班直播功能最大的亮点在于教学者和学员可通过摄像头、麦克风就某一问题实时进行讨论，打破时间、空间壁垒，实现双向视频互动，更加接近真实课堂场景。

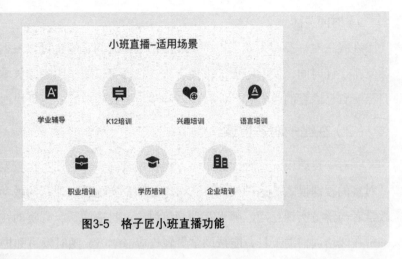

图3-5 格子匠小班直播功能

在线直播授课有很多优势，比如，成本低、传播范围广、传播速度快，课堂地域不再受限，听课人数也不限等，具体优势如下：

1）体验更好

在讲师直播的过程中，模拟课堂场景，互动提问及时高效，学员可以即时提出问题，获得教学者的现场答疑解难。

2）不受限制

直播授课打破了时空界限，不受时间、空间的限制，任何情况下，打开手机、电脑就可以随时随地进入在线课堂听课，更重要的还是可以共享名师资源。

3）传播方便

通过直播链接可在微信、QQ、微博等多平台进行传播，只需点开链接，便可轻松进入课堂学习。

4）多样化听课

直播授课可为学员提供多种听课方式，讲师可直接在后台设定免费听课、密码听课、暗号听课、付费听课等方式，满足多元化需求。

（2）录播

录播是伴随直播而产生的一种授课方式，有直播功能的平台也一定有录播功能。录播是为了弥补直播的不足，比如，有的学员受到时间的限制，无法第一时间看教学者的直播课程，就可以闲暇时选择使用录播再听一次。

录播就是将授课或演讲者的影像、声音及上课讲义，以硬件设备方式即时记录成标准的网络格式，通过网络及服务器同步直播。录播模式的优点在于其后期可编辑性强，课程效果优质，内容连贯，可以离线观看，可复制传播性强。

3.3

平台盈利模式

3.3.1　课程付费

对课程进行收费是在线教育平台最常用的一种盈利方式，也是最主要的盈利方式。例如B2C平台，主要就是依靠内容来盈利，B端学员提供内容，C端学员付费观看。

当然，并不是对所有内容进行收费，可收费的内容有一"长"一"短"的特点。

（1）"长"是指周期长、阶段多

周期长、阶段多的课程要收费。比如，某教育平台上有一门课《英语零基础直达大学六级》，内容很多，明显需要分为几个阶段，新概念第一册到第四册，以及字母音标学习等五大类。具体来看，除辅助类字母音标外，其他类大约需要学习70个课时，平均每个课时40分钟。

（2）"短"是指快餐课程——微课

与长课程相比，微课的特点十分明显，主要有以下3个。

1）教学时长短

传统线下的一堂课需要40～45分钟，而微课时长不超过20分钟，更容易让学员完成课程学习。

2）教学内容简略

微课往往将一个技能点或者知识点作为教学内容，在内容上没有传统课程的较大篇幅。

3）教学主题明确

微课往往有针对性的主题，围绕一个突出展开。这些主题往往是学员所困惑或者有所欠缺的地方，微课帮助学员改变某些特质。

总体来看，内容收费一直是大多数在线教育平台的主要盈利手段，是实现资金流畅通的重要保障。当然，收费要想顺利执行，必须要有强大的师资条件以及较强执行力的内容运营团队。

3.3.2 平台抽佣

平台抽佣是一些大流量平台普遍采用的一种盈利模式，比如，一些B2B2C在线教育商城，主要靠抽取入驻平台的第三方机构或拥有个人IP的教学者的收成，与某些线下的购物中心形态十分类似。

收费方式通常有三类，分别为固定展位费（租金）、浮动展位费（租金）、固定展位费（租金）+浮动展位费（租金）。

（1）固定展位费（租金）

固定展位费（租金）指缔约时双方即可明确租赁周期所对应的租金支付金额。它通常适用于经营较为成熟、稳定的大平台。

（2）浮动展位费（租金）

第三方教育机构或者个人提取一定比例运营产生的收益作为租金性收益给予平台方。一般以营业额为基数，常适用于项目运营前景好，第三方教育机构或者个人运营前期资金投入较大的情形。

（3）固定展位费（租金）+浮动展位费（租金）

固定展位费（租金）+浮动展位费（租金）指平台方一方面获取保底的展位费，另一方面又可以参与高运营回报的收益提成。而第三方机构或者个人在前期可以以较低的展位成本开展运营活动，实现双方互补性需求。

总体来看，抽佣付费适用于大流量平台，不论第三方营业额高低，平台都会收取一定的费用。还可以在此基础上，对第三方收取一定额度的保证金。

3.3.3 会员服务

　　会员的目的更多的是锁定学员，不让其流失。因此在线教育盈利模式也是如此，通过开通会员，就能够享有比普通学员更多的优质课程、优质资源、优质服务。

　　社会经济全方位发展，促进民众消费升级，使得越来越多的在线教育学员开始关注消费体验，除了课程产品的质量高、效果好之外，在线教育学员还追求更具针对性、个性化、性价比更高的课前、课后服务。

（1）付费会员模式的价值

　　与储存会员相比，付费会员不但享受价格优惠，还能享受产品特权和服务特权，这在很大程度上能满足当代学员的服务体验。

　　总的来说，我们可以将"付费会员"的底层价值归纳为3个方面。

1）数字化管理学员，提升运营效率

　　这是付费会员的基础价值，通过付费会员的模式，教育机构可以将学员做线上化、数据化管理，进行精细化分层运营，提高学员关系管理效率。

　　除了有效筛选出高质量学员进行运营之外，在线教育平台还可以结合高效的线上化数据分析工具，来收集会员学员行为信息，根据相关数据来洞察学员需求，做出更加精准的营销决策。

2）提高复购率，扩大并锁定顾客未来的消费份额

　　简单来说，教育机构通过付费的方式让顾客购买权益，一般付费学员都会在限定时间内用完会员权益，不然就会觉得吃亏。在这期间，教育机构可以通过会员福利、优惠券等方式来刺激学员进行消费，提高学员的复购率，与此同时养成消费习惯。

　　通过会员权益的绑定，以及对会员在心智上不断种草，可以提升学员的迁移门槛，无论算经济账，还是算情感账，让学员都没那么容易离开你，并高效留存在品牌私域内。

3）提升品牌黏性和学员传播面

　　通过付费会员制，可以筛选、培养一些超级学员，让他们在反复消费、和品牌互动、会员升级的过程中，提升对品牌的黏性和忠诚度，最终成为品牌的传播

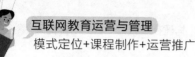

者、共创者，并愿意为品牌溢价而付费。

当然，这需要一个长期的过程，需要教育商家提供高品质的产品、超预期的差异化服务，以及多样化的消费渠道和会员权益场景等。

（2）付费会员体系的构建

会员制成为解决学员关系和经营效率问题的法宝，那么教育机构如何建立自己的付费会员体系？教育机构可以借助知识场景数字化服务商来搭建微信公众号、微信小程序、App、PC端网校等在线教育平台，结合会员权益功能来建立付费会员体系。

通过会员权益功能，教育机构可以将会员等级设置为VIP会员和SVIP会员，自定义会员卡封面、有效时间、价格、权益等。

例如，可以按照不同顾客需求设置一周VIP卡、月度VIP会员卡、季度VIP会员卡、年度VIP会员卡等，根据不同有效时间的会员卡设置价格和权益。

在会员卡价格的设置上，可以根据会员卡有效期的不同，进行梯度设置，系统还支持教育机构对会员卡进行当前售价、活动价、划线价、续费价、折合价等项目的设置，让新学员和老学员都可以有更多付费会员卡的购买选择。

会员学员所享受的权益也支持商家自定义新增，比如享受会员价、赠送VIP会员体验卡、线下课程体验券、VIP课程免费看、大班课直播免费看等，教育机构可以根据需要自定义添加会员权益。

此外，学员除了直接付费购买线上教育平台会员之外，在线教育机构还可以设置多样化的获取会员方式，如好友买赠、积分领取、兑换码兑换VIP、助力领取等，通过游戏化、活动式的会员获取形式，让学员愿意进行会员体验，从而为后续的学员留存和转化打下基础。

总的来说，做好在线教育的付费会员，需要教育机构按需设置会员卡的价格和权限，将差异化服务和商品折扣进行有机组合，让会员学员享受价格优惠的同时又不牺牲商家的合理利润。

教育机构付费会员除了设置会员卡以外，还需要在产品和服务方面发力。顾客为会员买单，买的是常规消费者体验以外的增值部分，因此在做好产品的同时，还需要对客户运营服务进行区分，对于高价值的付费会员学员，需要体现出一定的差异化。

3.3.4 增值服务

增值服务是指根据学员需要，为他们提供的超出常规服务范围的服务，或者采用超出常规的服务方法提供的额外服务。只要能提供满意的服务就能获取可观的收益。

实体经营中的服务费就是一种增值服务。比如，酒店除了为客人提供吃住等基本服务外，还会提供多种娱乐服务，并根据不同服务收取不同比例的费用。

就在线教育而言，做增值服务主要围绕3点展开。

（1）增值配套

增值配套是围绕主要业务而进行的拓展业务，比如，为入驻的第三方机构或者个人提供一体化的课程录制辅导工作，这是目前在线教育平台常采用的一种增值服务方式。还有一站式"保姆式"增值服务，比如，制订备考方案、课后答疑解惑、批改试卷、点评模考试题、职位报考指导、考前心理辅导等。

服务的形态可以多样化，但是核心一定要是服务。

（2）认证服务

这里指一些非官方的技能认证。比如，常见的微软MOS认证、思科认证，以及国内阿里云大数据ACP专业认证考试、华为技术认证HCIA、HCIP、HCIE网络工程师等。认证的基础就是培训，而培训正是在线教育平台一直在做的事情。当然，也不一定需要自身搭建组织认证，但如果能做认证的培训，也是很不错的。

（3）租赁服务

租赁服务不是每个平台都有，但也确实成为很多平台不可缺少的收入来源之一。这种服务听起来和入驻模式很像，但是其实有很大差别，这种服务是指专业做在线教育平台的服务商为个人、教学者、企业和机构提供独立教育的平台。这种方式有几个明显的优点，我们拿现在发展势头比较好的云朵课堂来举例。

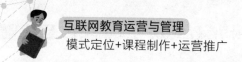

案例7

云朵课堂是专为教育培训机构研发的一套线上教学系统，包含在线直播、录播，互动问答，考试题库，教学管理，招生运营等功能。云朵课堂用科技服务教育，助力培训机构快速开展线上教学。云朵课程实行的租赁模式，第三方教育机构、个人可以在平台开辟自己的专区，建立平台网校，进行网络授课，打造自己的专属IP。

在云朵课堂开辟平台网校有以下4个特点。

一是价格低。建立平台网校只需要几千元的费用，价格相对行业内算是比较低廉的。

二是提供独立域名。完全可以开创出自己的品牌，不需要挂在统一平台下。

三是一站式服务。教学者和企业机构不懂技术没关系，有什么问题可随时与平台沟通解决，不必另交任何费用。

四是不存在分成模式。这意味着只需要建立平台的费用，其他学员的费用收入全部是教学者自己的。

云朵课堂租赁服务的这些特点，恰恰也是整个服务的共同特点，备受第三方机构和个人学员的青睐，成为在线教育平台扩大盈利点的主要形式。

第 4 章

课程开发：
打造高品质的在线课堂

课程开发是互联网教育的核心，其重要性不言而喻。与传统课程不同，在线课程因其与网络技术的结合，在制作上具有独特性。本章具体介绍如何打造一个高质量、高体验的在线课程，包括准备工作、基本流程、内容设计、监督与评价、注意事项等。

4.1

高质量在线课程的作用

课程在整个在线教育过程中居于最核心的地位，开发、打造完善的课程和课程体系，是确保将优质教育内容聚集在一起的基础。因此，做互联网教育必须重视课程的质量，在设计课程时要多元化，既要有利于教学者的"教"，也要有利于学员的"学"。

随着在线教育市场竞争的日益激烈，很多在线教育机构或平台都在打造特色课程。特色课程，是超越版本之上按照授课方式和授课内容的特色设计的课程，可以有效提升教学者的教学质量，激发学员的学习兴趣。

案例1

清大世纪旗下核心业务"清大学习吧"是一个不受空间、时间限制，可随时教随时学的网络学习平台。它整合了以名校为依托的纯"网校"教学模式，以面授辅导为主的"班级授课"模式，为全国小、初、高各阶段学员提供了同步课程点播、在线一对一、小班、名师大讲堂直播等线上学习形式。

经过10余年的不断发展，从校内教育拓展到校外兴趣教育，摸索出了一套富有特色的课程。

课程包括12大模块，即小学英语美洋洋、小学数学喜洋洋、小学奥数慢洋洋、少儿英语系列、精讲精练系列、作文讲座系列、名校课堂实录、中考复习通道、高考复习频道、专家谈学习、国学讲析堂、科学与探索。

高质量课程的作用着重体现在辅助教学者"教"和促进学员"学"，如图4-1所示。

图4-1 高质量课程的作用

（1）辅助教学者"教"

高质量的课程能使教育机构的教学更标准化，课程做得好，即使教学者教学水平一般，也能带来一堂高质量的课。做教育，重在教，必须不断提升课程制作与设计水平，要严格把控课程的质量，依据教学者的优势、特长、实际需求而制作，一方面加强课程与教学者的匹配度，另一方面是优化、凸显教学者的教学成果。

（2）促进学员"学"

课程不仅仅是教学者"教"的工具，更能促进学员去"学"。好的课程能大大提升学员的学习成果，丰富学员知识，提升学员学习效率，提高学员学习兴趣，锻炼学员思维分析能力，不断地将所学知识内化。

4.2
制作在线课程前的准备工作

4.2.1　明确课程受众

制作在线课程前需要明确课程的受众，即课程的学习对象是谁，这部分人群的规模、有什么特征，他们急需解决什么问题。受众代表着需求，有需求才能有市场。对于在线教育而言，一个课程如果不符合需求，就无法吸引到精准的受众，也不会被市场所接受。

那么，在制定课程时应该如何分析受众需求呢？

（1）从大的需求讲（市场需求）

我们前面讲过，课程作为在线教育的一个产品，大体上可以分为4类，不同类型的课程分别反映了不同阶段的需求，如培养兴趣、提升成绩、学历、升学和考证，以及职业技能培训类需求等。

经过对历年市场规模数据以及当前环境的分析，大致可以得知，4大课程市场需求的大小大致顺序依次是高等教育课程、职业培训课程和技能教学课程、学

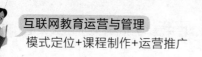
前教育课程、K12基础教育课程（高中阶段），如图4-2所示。

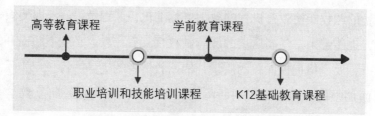

图4-2　五大课程市场需求大小排序

1）高等教育课程

高等教育课程受众面最广。这一课程的受众主要是在校大学生，其需求集中在四六级考试、专升本考试、专业类考试、计算机等级考试等。

2）职业培训和技能培训课程

职业教育和技能教育这两个领域需求相当，其受众主要针对职场人士，比如，求职升职，他们期望通过外部的学习机会，完成职业资格证类考试，为后期上岗就业做好铺垫。

对于那些追求高品位的收入群体，更关注精神上的学习，如书法、绘画、乐器等需求，而在线教育为其突破自我、实现人生价值提供学习平台。

这些机构有很多，如中华会计网校，主攻初级、中级会计职称考试，注册会计考试等科目；课观教育则主攻教学者资格证考试、教学者编制考试、教学者招聘考试等，提供丰富高效的课程资源，帮助学员快速拿证上岗。

3）学前教育课程

近些年学前教育受到社会广泛讨论，越来越多的父母开始重视学前教育的重要性，提倡"赢在起跑线上"这一教育理念。他们认为幼儿时期的性格塑造、教育引导，对孩子未来发展有持续性影响。于是，父母们早早地为孩子制订了成长计划，坚持从幼儿时期培养孩子学习兴趣、思维能力。

4）K12基础教育课程

K12基础教育多年来一直是需求最旺盛的一个领域，受众涵盖面较广，包括小学生、初中生和高中生，需求集中在成绩提升、升学考试方面，如小升初、初升高和高中升大学考试。

不过，随着国家针对中小学生"双减"政策的落实，对校外培训机构的整顿，K12教育受众将大大缩小，其市场规模将也将严重缩水。

2022年后，国内专注于中小学阶段的在线教育平台、机构，会陆续停止义务教育阶段学科类培训，不再向幼儿园至九年级学生提供学科相关培训服务。截至2021年底，新东方、高途、学而思、学大等已经全部下架中小学生培训课程。

（2）从小的需求讲（学员方面）

每类学员的需求是有差异的，在制作课程时要充分兼顾差异化需求，对差异化进行分析。明确到底要给哪些学员上课，尽量要保证是为同一类型同一水平的学员上课，这样大家面对的问题是相同的，授课目标是聚焦的，课程的成功率会高很多。

差异需求分析是课程的起始点，包括学员的确定、学员的典型表现（现象）、存在的问题、授课目标、课时计划等内容。

4.2.2 确定课程主题

课程主题即在教学者的讲解下，学员通过学习要达到的目的，是获取某一方面的知识，还是达成情感目标，最终目的是保证学员所学的知识能有效运用于实践中。

通常情况下，一个课程只能有一个主题。这个比较好理解，即想针对什么人群，打造什么样的课程，那么就要紧紧围绕这一群体需求去设计。

比如，以考研为目的的升学课程，考研就是一个主题，接下来所有内容都要与考研有关，无论是公共课，还是专业课，都要保证课程是围绕考研展开的；再如，以书法为主题的艺术人文课程，就要围绕与之相关的内容，包括握笔、落笔的姿势训练，笔墨纸砚的选择、临摹方法，以及如何欣赏书法佳作等。

确定主题后，还需要用简单的一句话描述出来。

例如，本课程主要讲修辞手法，适用于对修辞手法不甚了解的职场文案人员，或诗词爱好者，以便他们运用这些修辞手法润色文案，提升语言表达能力。

当然，在实战中还需要掌握一定的技巧，具体可以按照图4-3、图4-4所示的去做。

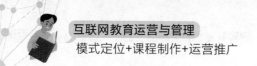

✏️ 描述你理想的学生

你创建课程的目标对象是谁？他们对什么感兴趣？他们为什么参加你的课程？他们购买课程的动机是什么？是什么激励着他们完成课程？在下面的空白处，描述这个理想的学生：

图4-3　课程主题确定技巧（1）

✏️ 整合各个部分

把你的理想学生形象和市场分析整合在一起，考虑你的理想学生想要参加的课程主题是什么？然后分析市场，理想学生的课程怎么融入市场？写下你的课程主题：

图4-4　课程主题确定技巧（2）

很多人遇到过这样的情况，已经有几个相对靠谱的课程主题了，但无法从中选出一个最为合适的。当有多个差不多的主题，又不知该选择哪一个时，可采用相应的方法来选择。

在学习这个方法之前，先来了解一下影响课程主题的因素。

（1）潜在学员的数量

不同课程主题潜在学员数量必然不同，哪怕同一主题，不同模块下的小主题也不一样。以英语为例，四、六级英语考试潜在学员数量肯定要比托福、雅思英语考试的学员数量多。这些数据你可以在网易云课堂等一些主流课程平台收集到，以此作为你评分的依据。

（2）课程定价

课程含金量高，定价必然更高。托福、雅思虽然学的人可能会少些，但是定价高。定价方面我们也可以参考课程平台上的参考价，同样也是为后期的营销做好工作。

（3）时间成本

含金量越高的课越花费时间，你需要考虑你的时间成本，这段时间你忙不忙，然后制作周期要多长。我们当然是希望多快好省地完成一门课的制作。

（4）硬件成本

录课的硬件自不必说，如果你的课程本身会用到一些其他器材，是不是要考虑下成本呢，比如你想教摄影课，肯定要准备一个单反相机吧。

（5）人力成本

一般都是一人做课，苦累一身担，所以不存在人力成本的问题，如果你有一个小团队，人力成本就变成了需要考量的因素。

量表评分法，指在评估时可以将5个因素量化，先分别评分，然后再计算综合评分，得出评估结果。选出一个评分最高的主题。评分最高的主题就是要选择的主题，评估表如表4-1所列。

表4-1　影响课程主题确定的因素量化评估表

课程主题＼评分项	分项得分					综合得分
	潜在学员数量	课程定价	时间成本	硬件成本	人力成本	

4.2.3 拟定课程价格

前面已经分析过在线课程消费的主力人群和主题，接下来再分析一下价格问题。做好在线教育课程的定价问题，是获取学员之前关键的一步。有调查显示，线上课程通常是线下课程价格的40%～60%，这也是很多人越来越容易接受线上教育的一个重要原因。

课程价格的拟定受多重因素的影响，比如，课程制作成本、课程时长、课程价值以及市场需求、学员购买意愿等。

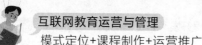

其中课程制作成本、课程时长、课程价值是相对固定的影响因素，波动性不大，同类型、同功能平台或机构的课程都差不多。具有可变性的是市场需求和学员购买意愿，这是两个变量影响因素，在课程定价上具有浮动性。

由于当今在线教育市场竞争激烈，同类型、同功能平台或机构层出不穷，它们在产品价值定位方面各有不同，一方面要遵循市场对该产品的认可，另一方面要依据课程自身的优势对价格加以调整。

初级课程价格就要中下档，让大部分人可以接受。如果课程是面向进阶者的，价格不妨提高一点，在原价基础上提升1～2倍。因为不同的人群购买意愿是不一样的，一个家长为孩子报班，几千到几万元可以接受，价格再高就很难了。但一个高级白领为强化业务能力，一二十万元的费用也在接受范围之内。

另外，除了对价格进行确定之外，还要采取一些必要的推广措施。需要注意的是，这些措施也是与价格息息相关的，在具体使用时需要掌握一定的价格制定策略，如图4-5所示的3种方式。

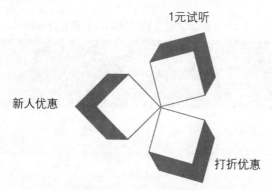

图4-5　在线课程常见的3个推广措施

（1）1元试听

学员在不清楚课程内容的时候，可以参加1元试听或者免费试听的活动，学员可通过对课程试听的满意程度再决定是否进行购买。

（2）新人优惠

对于从未购买过课程的新学员，可以让其在第一次购买时获取一定的优惠权。例如，买满减的活动既能促进学员的购买行为，又能有效进行学员拉新。

（3）打折优惠

打折是一种比较普遍的营销方式，在微商、淘宝店中有很多类似的，而我们的在线教育课程产品就是模仿这种方式，对课程价格进行打折，并且把原价与现价标出来，形成落差感，例如原价1000元，现在800元即可，越大的落差越容易促使学员进行消费。

4.2.4 给课程定价的方法

在对课程进行定价时，除了搞清楚影响因素外，还要掌握具体的策略、方法。常用的方法有5个，如图4-6所示。

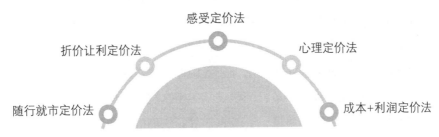

图4-6　课程定价常用的5种方法

（1）随行就市定价法

随行就市定价法，即按照现行的行业平均价格制定学费，把现行的市场价作为定价根据。例如，一所城市所有的培训班收费基本相同，这便是一种随行就市的表现。

需要注意的是，随行就市定价法不能随便使用，通常适合两种情况：一是成本难以估计，为保险起见，以随大溜方式定价最方便、安全，既然市场流行此价，就有其合理之处；二是难以估计市场和竞争者的反应，避免恶性竞争，希望与竞争者和平共处时采用这种方法。

（2）折价让利定价法

为了鼓励更多学员购买课程或者课程服务，可在适当的时候做些让利。比如，一个培训班，一名学员参加的培训项目较多，报了两个班或三个班，就可以

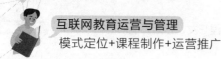

减让部分学费，报的学时多，也可酌情减学费。学完了一级再学二级、三级的学员，学费可以适当减一些。

（3）感受定价法

感受定价法，即根据学员对教育产品的感受价值定学费。比如一所培训名校的教育，学员对其感受价值大，学费可能高昂。家教市场上知名高中教师收费1000元／人／小时，而一名大学生家教只能收100元／人／小时，原因是学员或者家长对前者的感受价值大于后者。

（4）心理定价法

这是一种抓住学员心理特点的定价法，这种方法包括声望定价和招徕定价等。

比如，利用学员仰慕名牌的声望来定价。甲、乙两所培训学校某一专业办得一样好，但甲校规模大，历史久，声望高，学费就可以定得高些。另外，也可利用客户求廉心理，例如同样是英语培训，各门课程成本相等，但培训学校特意将一门课定低价，以此来吸引学员，当学员学习了这门课并体会到培训班的高质量后，一些学员就会认可培训质量，会考虑学习其他价格的课程。

（5）成本+利润定价法

按照教育产品成本加一定的利润定价。这种定价可使我们的全部成本得到补偿，成本可自己掌握，成本稳定时，费用也稳定，使企业得到稳定、合理的报酬。教育机构新产品的定价技巧还有很多，比如吸脂定价、渗透定价、满意定价、尾数定价、整数价格、用小计价单位标价、声望定价、分级定价、习惯定价等。

课程对于在线教育来讲就是一个产品，对其定价需要考虑诸多因素，既不能跟风市场价，也不能随心所欲地定价。如果定价超出学员承受范围，就会导致无人问津，被市场淘汰；如果低于成本价，久而久之便没有投资者再加入其中。

4.2.5 制作在线课程的8个流程

对于在线课程的制作很多人有误解，认为课程制作就是写PPT、做课件，或者在图文中加一些视频等。其实，这种理解是片面的，这也是为什么很多老师在讲课时，讲着讲着就不知道该讲什么的原因。

这种理解还会导致一种情形，就是课虽然讲得很好，但所讲内容与课程标题差异很大，从内容到风格完全两回事。学员也听得云里雾里，听完就听完了，学习效果很差。

因此，对于一个教育机构或平台来说在制作课程时必须先建立完善的课程体系，在体系的指导下，利用科学的方法，有步骤、有秩序地进行。总结起来，制作在线课程的步骤如图4-7所示。

图4-7　制作在线课程的8个步骤

（1）明确课程题目

课程题目要足够明确，有针对性，充分体现课程特点，题目宜小不宜大，题目越小越集中。同时，题目在语言上生动形象，避免过于生硬，如"面试实战"，不要用"×××流程""×××制度"等，让学员一听就犯困。

（2）设计课程大纲

课程大纲是课程开发的灵魂，很多企业内部讲师不会做大纲，不重视课程大纲。要根据授课内容本身，设计三层结构的课程大纲，课程大纲要体现主线统一、解决问题式逻辑、大纲言简意赅、总结归纳成功要素和方法、提炼关键操作步骤和要点，同时还需要考虑到授课的逻辑、教学方法的灵活应用。

（3）设计课件

大纲如果要做到三级，课件开发相对简单很多，根据课程大纲建立课件的整体结构，明确课程目录、各个单页PPT主题。这里重点要做的是设计单页PPT的具体内容，这里面也需要提炼关键点，明确操作要点和逻辑。

PPT设计最耗费时间的就是美化单页PPT，需要建立基于图表、图形、图片的基础库，学会如何调用。

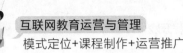
（4）设计授课脚本

课件完成后，下一步要做的就是设计每一页的授课脚本，明确每页PPT讲授的时长、重点、讲授方法、教学活动安排等细节，这是课程落地的核心要素，也是课程复制的重要前提。

（5）选择授课方式

光有好的内容，但没有有效的教学手段，授课就不会达到预期效果，这里面需要根据授课内容特点去选择不同的授课方式。常见的授课方式包括头脑风暴、案例、视频、小组／个人任务、游戏、提问、情境模拟、竞赛等，要根据不同内容选择不同方式，重点是要开发授课方式脚本，这部分是最难的！

（6）设计教学准备

教学内容和方式确定后，还需要设计各种教学准备内容，主要包括课前学员需求调查、教学场地设备准备，调研学员的真实情况，为授课重点和要点做好准备；同时明确教学场地、各类设备、教学物料清单，明确数量和具体要求，为授课实施做好准备。

（7）形成教学教案

所有这些都需要在讲师手册中予以集中体现，讲师手册包括课程概要、大纲，授课前准备，具体教案、案例及实施要点，各类演练实施要点，互动活动脚本等具体内容，要详尽，具有可操作性。

（8）开发教学评估方法

最后一步就是开发教学评估方法，一般有两个部分，一部分是考试试题，针对第二层次评估；另外一部分则是课后辅导计划，讲师要现场辅导、现场检查，不只是单做一个课后访谈表就可以了。

4.3

在线课程内容的设计

4.3.1 知识点分类

知识点是课程的"灵魂"，一个好的在线课程好在哪儿？就是能够以最简单的形式，生动形象地展现出来，让学员一看就懂，一学就会。

要想达到这种效果就需要对知识点进行分类，知识点类型可以分为两种，如图4-8所示。

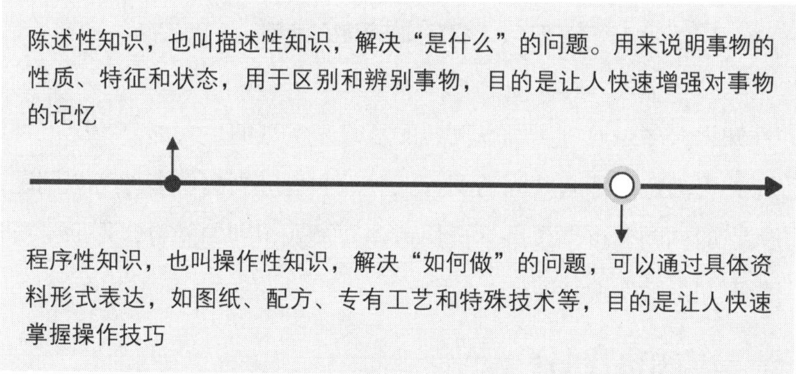

陈述性知识，也叫描述性知识，解决"是什么"的问题。用来说明事物的性质、特征和状态，用于区别和辨别事物，目的是让人快速增强对事物的记忆

程序性知识，也叫操作性知识，解决"如何做"的问题，可以通过具体资料形式表达，如图纸、配方、专有工艺和特殊技术等，目的是让人快速掌握操作技巧

图4-8　两种主要的知识点类型

（1）陈述性知识教学技巧

1）图文呈现

语言形式的陈述性知识可以通过声光电等因素把内容生动地呈现出来，以图文的形式转化为具有视觉特性的知识。比如，利用实物图片呈现化学物质的颜色，利用实验录像呈现化学实验现象。

2）特意强调

教学者对重点知识进行强调，使用画线、圈出重点或者语调变化，来加强学员对陈述性知识的理解。

3）适当重复

教学者有意识地教会学员恰当安排学习时间，在学习中按照记忆规律合理安排复习内容和复习时间。

（2）程序性知识教学技巧

程序性知识在教学时，大致可分按照"What→Why→How→When"的步骤来呈现，各步骤代表的含义如图4-9所示。

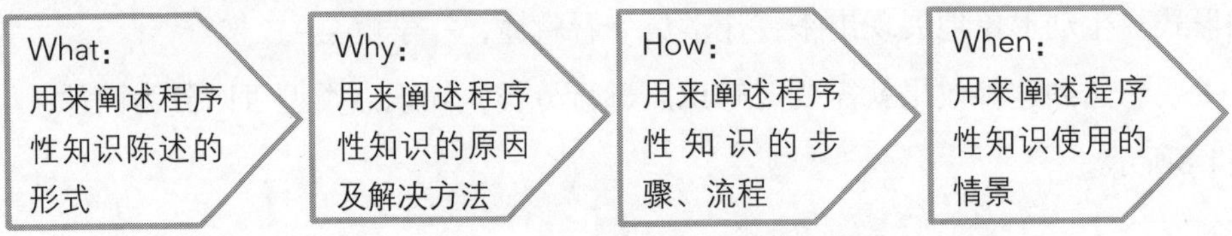

What：
用来阐述程序性知识陈述的形式

Why：
用来阐述程序性知识的原因及解决方法

How：
用来阐述程序性知识的步骤、流程

When：
用来阐述程序性知识使用的情景

图4-9　程序性知识教学步骤

程序性知识大多是通过实例或例题的形式来实现的，大部分情况下每组例题的解题程序并不固定，都有共同的切入点。教学者应当提供多种变式例题，通过对不同切入点的例题分析来帮助学员快速建立模式识别的能力，帮助学员形成动态知识向静态知识转变的技能。

4.3.2　重点知识划分

重点知识是课程中举足轻重的、关键性的、最核心的内容。在一个完整的课程体系中，重点知识必须重点体现，不能等同于一般的知识点，特别是在课时紧、内容多的时候，需要重点设计，并最大限度地凸显出来，以引起学员的注意。

那么，如何突出呢？可以采用以下两种方法。

（1）攒聚突出法

所谓攒聚突出，就是将各个不同部分联合设计一个总体方向，每一个部分都与总体方向紧密相连。形象一点讲就像自行车的辐条轮一样，每一根钢线都与中轴绷得紧紧的。自行车的辐条轮如图4-10所示。

图4-10　自行车的辐条轮

每一个课程都是由多个部分组成，各部分密不可分。设计每一个部分时，都要明确指向教学重点、难点，以不断强化重点、难点知识，方便学员在心中记忆。

（2）板书突出法

板书是教师运用黑板，以凝练的文字语言、图表等传递教学信息的一种教学行为。板书是教师的一项基本教学技能，独具匠心的板书和绘图，既有利于传授知识，又能发展学员的智力；既能产生美感、陶冶情操，又能影响学员形成良好的习惯；既能激发学员的学习兴趣，又能启迪学员的智慧，活跃学员的思维。

板书是线下教学的产物，转移到线上后，黑板变成了PPT，但道理是一样的，需要讲究技巧。那就是根据教学重点进行设计，以保证写出来的东西不芜杂、不混乱，每部分之间有必要的关联。否则，学员就会不得要领。板书的技巧如表4-2所列。

表4-2　板书的6个技巧

方法	具体内容
提纲式	是按教学内容和教师的讲解顺序，提纲挈领地编排书写的形式。这种形式能突出教学的重点，便于学员抓住要领，掌握学习内容的层次和结构，培养其分析和概括的能力
词语式	这种板书技巧特点是简明扼要，富有启发性。通过运用具有内在联系的关键词语，引发学员思考，加深对教学内容的理解和记忆，促进学员思维能力的提高
表格式	根据教学内容设计表格，提出相应的问题，让学员思考后提炼出简要的词语填入表格。教师也可以边讲解边把关键词语填入表格，或有目的地把内容分类并按照一定位置书写，归纳、总结时再形成表格
线索式	是以教材提供的时间、地点为线索，反映教学内容的主干。它把教材内容的内在结构和逻辑关系简明地呈现在学员面前，有助于学员对其多方面的了解。这种板书指导性强，对于复杂的过程起到了化繁为简的作用，便于记忆和回忆
图示式	是教师用具有一定意义的线条、箭头、符号等组成的图形来组织教学内容的方法。特点是形象直观地展示教学内容。通过图示，许多难以用语言解释清楚的事物能一目了然地呈现在学员面前，具有保持注意、激发学习兴趣的作用
总分式	这种板书适用于先总体叙述后分述，先讲整体结构，后讲解细微结构的教学内容。这种板书条理清楚，从属关系分明，便于学员理解和掌握教材的结构，给人以清晰完整的印象

4.3.3 难点知识解答

难点知识是指课程中难以理解、难以领会的抽象、复杂、深奥的知识。难点知识通常是由两个部分决定的。

一是取决于教材，从内容、形式到语言都有难易之分。比如，抽象、宏观的内容难度就大，与学员工作、生活、学习距离近的难度小；复杂形式的难度大，单一形式的就小；艰深晦涩语言难度大，明白易懂的语言难度就小。

二是取决于学员知识基础、接受能力。基础扎实、知识面广的感觉容易些。相反的就难度大；反应敏捷的容易些，反应稍慢的就难一些。所以，老师在确定难点前有一个前提，就是要摸清学员的情况，不能凭自己一厢情愿去确定。

具体如何解决难点知识，也就是授课当中如何将难点知识化难为易呢？下面介绍两个普适方法。

（1）阶梯设疑法

就是说设计问题要有梯度，由浅入深，由易而难，步步推进解决问题，阶梯性的问题能有效地激发学员深入思考的积极性。

案例2

比如，经济学中"商品价值量的决定因素"是一个比较抽象的知识点，在具体解释时，可以先假设一个情景，根据情景设计问题。比如，现在很多小轿车都降价了，而且幅度很大，但仍至少十几万元；自行车尽管一直在涨价，但无论如何与轿车的价格还是相差甚远。

问题设置：A.轿车的价格为什么与自行车价格有如此大悬殊？由此引出价值的含义。

B.价值应该用什么衡量呢？是个别劳动时间还是社会劳动时间呢？由此引出个别劳动时间、社会劳动时间的含义。

这样由此及彼，由表及里，步步为营，层层深入就能形成一个完整的链条：价值→劳动时间→价值量→价值量的决定。最终引导学员概括得出结论：单位商品的价值量是由社会必要劳动时间决定的。经过这样的推导，商品价值量这一难点便迎刃而解。

（2）分解整合法

这种方法是指把问题从不同层次、不同角度分解成几个小问题，分别解决，然后再加以概括归纳，化难为易把问题讲清楚。

案例3

例如讲高尔基的散文诗《海燕》的意境。意境的概念对初中生来讲比较难于理解，如果只从教科书中搬出关于意境的定义是不够的。这时可以先这样分解：

① 初读课文，读出课文描写景物的画面；

② 二读课文，读出课文的褒贬语气；

③ 三读课文，读出课文的排比语气；

④ 四读课文，读出课文高潮时的气势。

把这样几个方面的内容综合起来，会出现什么样的情景？海面海浪、乌云雷电、暴雨狂风、海燕、海鸥和企鹅等，全都染上了作者的主观色彩，景中有情、情中有景、情景交融。

这时，就可以把听者的思维引到"意境"上去了。原来，所谓意境，是饱含着作者主观感情的艺术画面，是内情与外境的高度融合，是客观事物与人的思想感情高度融合后并经过艺术加工所表现出来的境界。这样，什么是"意境"这个问题就讲清楚了。

需要注意的是，在有的知识点中，重点和难点是一致的，所以，以上方法又可以交叉使用或综合使用。总之，如果能灵活地、有针对性地加以运用，在重难点知识点的设计与教学上能收到事半功倍的效果。

4.3.4　设计练习环节

练习环节，顾名思义就是学员需要对所学知识进行巩固训练，反复练习。这部分内容是课程体系不可忽视的部分，主要目的就是帮助学员掌握、巩固所学知识，强化学员的正确认知，形成固化知识。同时，教师还可以根据学员通过练习对知识的总结、反馈信息，为下一次教学提供参考和依据。

那么，如何来设计课程的练习环节呢？

（1）搞清楚类别

设计练习性的内容首先要搞清楚练习题的类别，关于类别，要根据分类的依据而定，如图4-11所示。

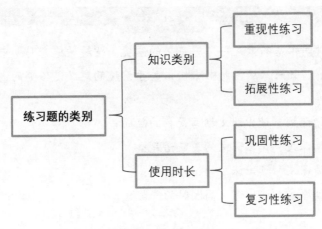

图4-11　练习题的类别

1）知识类别

根据知识类别，分为重现性练习和拓展性练习。重现性练习是指针对陈述性知识，采用重复、默写或填空的形式。

这种练习法的优点是可以帮助学员记忆知识，不足之处是属于机械性模仿，不利于学员思维能力的锻炼和培养。为弥补这个缺陷，可以设计拓展性练习，即日常练习，针对所学知识进一步内化。

2）使用时长

按照使用时长，可分为巩固性练习和复习性练习。巩固性练习一般在课堂即将结束时或结束后进行，以加强知识记忆、发展知识能力为主。复习性练习是指在课程结束一段时间后，对原先练习成果进行巩固和强化。这种练习方式按照知识遗忘的规律进行，及时进行有组织的练习，让学员习惯用新知识或技能去解决问题。

（2）情景化设计

综合实践、创客课程等需要运用多学科知识、综合能力来解决复杂问题、结构问题、探究活动等的教学设计中，应该采用情景化设计。在情景中同样主题、不同的学习任务、不同引导性的问题，都会使同一个主题达成不同的教学目标，产生不同的教学效果。

案例4

当前疫情是一场灾难，但也是一个情景化、真实性与综合性的教育主题。在教学时可以设计一个主题，并采用情景融入的方法进行相应的学习活动设计。

（1）项目主题：2021新型冠状病毒危害与防控。

（2）学习组织：4～5人小组。

（3）学习任务：每个小组扮演不同的角色，病毒学专家小组、社区管理小组、医疗小组、政府官员等，从不同的角度对《2021新型冠状病毒危害与防控》的问题展开研究，当然学员也可以在这个框架内自己选择研究方向。

要求学员以小组为单位，制订研究计划，收集研究材料，进行分析归纳，形成研究结论，撰写研究报告，制作展示作品，进行全班分享、在线点评，教师总结引导等。

学员可以利用互联网、视频会议系统、在线讨论社区、微视频制作工具等支撑相应活动的开展。学员在上述各个教学环节中，都离不开网络技术的支撑。例如，在计划制订过程中，学员可以使用在线视频会议及在线文档协同编辑功能开展小组活动。

4.3.5 线上线下课程衔接

在线教学虽然是以线上虚拟教学为主，但必要时也需要与线下教学积极配合。而且线上、线上本就是一个完美闭环，线下课程对线上教学起着预测引导、巩固成果的作用。

比如，在线上课程正式开课前，可先进行一点线下课程，开展线上学习效果检测活动。目的就是测试学员对课程的反映和态度，线下获得的数据可以供线上教学使用，从而提升线上教学的精准性。

再如，线下课程可以作为线上教学的一个查缺补漏的补充。众所周知，线上

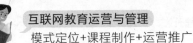

教学具有跨越时空性，这是它的优势，也是劣势，限制了师生互动、生生互动。因此，线上课堂上，教师很难针对学员个人的问题进行专门的解决。这个时候就需要线下课堂的辅助，将遗留问题留在线下，课后，教师通过对学员的学习情况进行综合分析，找出学员线上学习中存在的共性问题、个性化问题，通过线下课程分析产生问题的原因，找到解决问题的办法。

既然线下教学对线上教学的作用这么大，那么，应该如何将两者进行衔接呢？衔接不好将会适得其反，徒增人力、物力和大量时间。

为保证线上线下课程衔接的有效性，可以从如图4-12所示的4个方面着手，即起、承、转、合四方面着手。

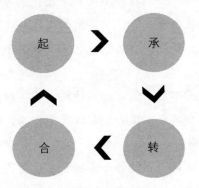

图4-12 保证线上线下课程衔接有效性的4个方面

（1）起

"起"即起点，厘清衔接起点。即线上线下教学衔接工作启动起点、师生心理转换起点、教学内容衔接起点。针对"三个"逻辑起点，开展线上线下教学衔接，结合实情、因地制宜、科学研判、整体推进，让教师找准线上线下教学衔接的起点。

（2）承

"承"即承接，明晰衔接什么内容，做到课前把线上学习的内容进行线下预习，课后把学习的内容进行检测，摸清底细、查缺补漏。坚持以线上为中心，线下为辅助，线上讲解重点、模块化学习，线下分析、反馈，从线上到线下形成完美闭环。

（3）转

"转"即转变，讲的是怎么衔接的问题，这点很关键，否则线上线下仍是两张皮，各行其是，无法充分融合。线上与线下教学过渡要自然，讲究转换策略，比如，设计学习活动，让学员的学习无论在线上还是线下都兴趣盎然。

（4）合

"合"即配合，确保衔接效果。衔接成效如何保证，一要师生融合，从云端到教室，教师和学员的情感融合是衔接成效的基础和前提。二是自己要主动改变，长时间的线上学习，在学习方式、行为习惯上会发生一些改变。学习前需要自己规范日常行为，力争让自己以最佳的状态进入线下学习。

线上与线下如同战场上的一对孪生兄弟，只不过一个适合远程射击，精准消灭敌人；一个适合近身格斗，实战积累经验，在战场上只有两者良好结合，才能取得战争胜利。

4.4

在线课程质量监督与评价

4.4.1　监督与评价方法

质量控制与评价能够保证课程制作的质量，但这种方法难以评价课程设计的质量。在传统课程模式中，我们常通过专家打分来评判课程质量，其衡量标准为学员的学习效果。人们习惯于忽略"谁来评价"这一思想，这种评价方法就是从课程设计的出发点，只有确定谁来评价，课程设计才可以实现定位，课程质量才能得到保证，但是如果不确定谁来评价，那课程质量就无法判定，这是由于学员和教学者的看法千差万别。

评价一门课程的方法有很多，可以借助问卷答题、打分或点赞等多种形式，来引导和督促学员完成课程评价工作。学员对这门课程的评价结果，真实地反映了学员的直观感受，但这种评价受外界环境的影响颇深，往往体现为各种因素的综合影响，或者展现学员对课程表现形式的具体意见，人们很难给出各种涉及评价的具体影响因素。

当然，还可以通过监测并收集具体数据来分析课程设计的好坏，通常，这种评价是在学员无意识情况下收集的，因此得到的评价数据更能反映出真实的教学效果。如今计算机自动化水平进一步提升，这种被动评价可以同时监测多种教学数据，从而有效避免某种数据产生的误差。监测中常用到的数据如表4-3所列。

表4-3　监测中常用到的数据及表现不佳的原因

数据类型	表现不佳的原因
观看时间	课程吸引力大小
观看次数	课程讲授难度／视频吸引力
暂停位置	课程讲授清晰度
习题错误率	课程讲授清晰质量／题目难度
错误选项	错误概念的成因
学习时间	学习动机强弱
单题做题时间	知识熟练度

基于数据监测和数据分析技术，我们还可以通过A/B的方式直接测定各因素对教学效果的影响。利用A/B的方式，首先要建立一个测试课程，这个课程的页面设计、教学者语言、习题顺序等方面，与原有课程有所不同，然后将这两个课程随机推送给学员使用，继而分析统计这两类课程的教学效果，即清楚地了解到两种课程的优劣。

这些新型的课程评价方法，彰显了现代教育的变革，使得教育在继经济学后，不再是一门只靠理念和经验传承的社会科学和靠道德良心的学科。大数据时代的教育，将会在实证分析中被证实，课程质量的把控也必将借助大数据分析得到实实在在的评定。

4.4.2　影响课程质量的因素

影响课程质量的因素是多方面的，如教学理念、研发团队、创意设计、质量把控、技术水平和成本控制。

（1）教学理念

教学理念指解决理论问题时所采取的思路，以前人们通常以教学者的"教"为理念，如今以学员的"学"为理念。不同教学理念，将作用于不同质量的课程。

（2）研发团队

研发团队指课程开发的团队人员结构及分工，如何合理且高效安排员工完成制作内容，是影响课程质量的重要因素之一。

（3）创意设计

创意课程是当今在线教育倡导的新型课程体系，与以往教学者传统的授课思路不同，它更重视课程创意性发挥，不再以固有思维去制作课程。然而，当前教学者在课程视频、音频素材的搜集和使用中缺乏创意，使得课程质量不高。

（4）质量把控

对课程质量的把控，是在较短时间内，以较低成本打造出质量较高的新型课程。如何控制课程制作质量，也是影响课程设计的因素之一。

（5）技术水平

技术水平指课程显示屏制作的一些指标，类似于分辨率、长宽比、页面要素和码率大小等。

（6）成本控制

对于在线教育课程开发者和运营者而言，成本控制是他们最为关注的问题之一。高质量课程制作耗费成本较高，单个微课制作成本在1万元以上，而且只有上万个课程才能形成一个完整的课程体系。

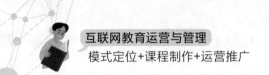
4.5

在线课程开发过程中的注意事项

（1）控制单元时间

同线下教育课程相比，在线教育课程开发需要注意单元时间的安排。所谓单元时间，即每课时的录制时间长短。通常，一节网课的时间安排在一小时内，时间过长或过短都不利于学员的注意力集中。单元时间的控制需要依据课程内容、活动的安排和学习目标的确立。课程内容之间环环相扣，教学者要保证整个课程体系的完整性，活动安排也要把握好单元时间；教学者要保证整个课程内容的有趣性，学习目标的确立为单元时间的控制提供了导向，即不同时间段学员应完成哪些学习任务，情感与价值目标是否实现等内容。

因此，在课程开发过程中要着重注意时间问题。如果整体授课时间过长，会让课程数量增加，对于其成本、售价都有相应影响。如果整体授课时间过短的话，容易压缩知识，学员学习和理解起来都具有一定难度。

（2）把握说话语速

在线教育课程的开发基于互联网体系，因此教学者在实际授课的时候往往是无法和学员直接面对面进行交流的，加上网络有时候会存在一些网络延迟，这就导致相比较线下教学，教学者更需要注意线上授课时候的语速，要及时关注学员的接受情况。

如果教学者讲课速度较快，很容易吐字不清，造成学员理解难度增加。如果教学者讲课速度比较慢，在规定课时内完成课程任务，也具有一定挑战性。此外，如果教学者始终以一种语速进行授课，也容易造成乏味的氛围，无法吸引学员的注意力。

由此可见，无论是录播还是直播，在线课程开发时都需要注意教学者讲课的语速，要有快有慢，有强有弱，能够突出重点，以吸引学员的学习兴趣。

（3）注意动静结合

开发在线课程的时候，也需要注意动静结合，即教学者在授课的过程中保证动静结合。如前文所述，如果保持一种基调，很容易让学员觉得枯燥乏味，再加上是线上模式，学员很容易走神，注意力变得不集中，自然会造成授课效果不理想。

在课程中，教学者可以根据所教授的内容选择动静结合。比如，在讲几何时，教学者应该准确指出具体的角所在位置。在讲解例题的时候也应该具有一定的动作，以起到强调的作用，同时也可准确指出相应的角。这个时候，教学者相应的动作在表明"这是比较关键、重要的地方，请同学们注意"。

当然，如果教学者在全程教学中都具有较大的动作也是不合适的，这会引起学员的反感。在讲完例题之后，要给学员一定的时间思考，或者留出一定的时间让学员自己练习。这时候，安静的环境就非常有必要。

（4）善于营造气氛

在进行在线教育课程开发的时候，也要注意营造相关的氛围。学员在一个活跃积极的气氛下，更能够调动学习的积极性，也能够投入更大的激情，学习新知识的效率也会大大增加。不管是线上教育还是线下教育，如果教学者不会营造良好的气氛，只顾讲自己的知识，缺乏趣味性，又缺乏和学员的互动，那么课堂一定是死气沉沉的。学员的学习效率也会低下，学习积极性也会大打折扣。

教学者在进行授课的时候，可以通过一些课程导入，比如在讲凸透镜和凹透镜知识点的时候，可以问一下"同学们身边有没有戴眼镜的朋友"，从而引入正常的教学内容。在课程中，也可以通过一些生动的事例、轻松的语言、借助相关视频等营造积极的氛围。总之，教学者可以根据授课的具体内容，采取相应的措施营造课堂气氛。

（5）讲究教学工具

进行线上教育，教学者就必须制作相应的课程，或者建立相应的学习群进行管理，除此之外，在课上课下，教学者的课程内容也需要相应的流程图、思维导图等。这些与教学相关的工作，都需要在开发在线教育课程的时候准备到位。

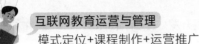
如在制作课程的时候，很多教学者第一反应是PPT，实际上除了PPT之外还有其他选择，比如RPPT，这是幻灯片辅助设计软件，提供了大量的PPT素材、模板，对教学者制作PPT来说，非常方便。在实际教学中，可以采取一定的思维导图、鱼骨图、流程图等，这些图表的使用能够浓缩地展现相应的知识，对学员来说，也更容易理解。

此外，在学员管理方面，可以使用班级管理微信小程序，对发布作业、打卡、听写、自动生成通讯录、成绩管理等非常实用。不管是教学者还是学员乃至家长，都能够省去很多不必要的麻烦。

（6）把握学习特点

教学者在开展在线教育的时候，要充分认识到学员的学习特点。比如对于最常见的K12教育来说，这些学员在学习的时候更多的是被动性，就是说，学员在实际学习时，并不一定是完全发自内心的。按照正常理解，一个人的学习应该是发自内心，觉得自己需要学些知识丰富自己，以适应生活环境。但是在K12教育中，学员无法意识到现有学习与未来生活的关联。这就要求教学者紧紧把握学员的学习特点，在课程开发的时候采取相应措施。

另外，学员学习的都是间接经验，是在前人经验基础之上掌握的，这就导致学员在实际学习中很容易觉得乏味。教学者在课程开发以及实际教学中，应该注意将理论知识和生活经验结合起来，让学员认识到学到的知识与生活息息相关。比如，在教初中物理声光知识的时候，可以结合日常生活中"彩虹是怎么形成的"这样的问题进行授课。

第 5 章

平台搭建：
提供最便捷的教学媒介

互联网教育的实现，有赖于稳健、有效的平台，平台在互联网教育中发挥着重要作用，是师生沟通和学习的媒介。本章主要介绍平台的概念、优势，优质平台应该具备的功能。通过对这些内容的介绍，大家能够对在线教育平台有更加详细的了解。

5.1

在线教育平台的概念、优势和作用

2016年以来，我国互联网教育进入了一个快速发展期。2020年新冠肺炎疫情的暴发使线下教育受阻，互联网教育发展进入高潮，在线教育平台成为国家实施在线教育的一个渠道，坚持"空中课堂"，力推"停课不停教，停课不停学"。市场规模也正式由一、二线城市向三、四线城市下沉。

5.1.1 在线教育平台的概念

互联网教育快速发展最突出的表现是在线教育平台的井喷。自2015年以来，无论是平台数量还是学员数量都连年创新高。

所谓在线教育平台，是指以互联网为载体，以资源共享、实时学习和零距离互动为目的的教育类互联网产品。它是一种新型的教学和学习工具，随着互联网、移动互联网的发展，智能设备的发展普及越来越好。

5.1.2 在线教育平台的优势

在线教育平台是实现线上教育的媒介，也是连接教师和学员的"桥梁"，较之传统线下教育有很多优势，具体如图5-1所示。

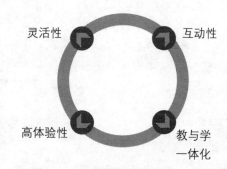

图5-1　在线教育平台教学的优势

（1）灵活性

使用在线教育平台教学，最大优势就是灵活性更强。首先表现在突破时空局限上，教师不再受时间、地点的限制，学员也可自由安排学习时间。换句话说，只要设备齐全，教师在哪里都可以教学，学员在哪儿都可以学习。

其次，在线教育平台的灵活性还体现在全网资源的可行性调动方面，教师或学员可借助现有网络设备，吸收到最优质的学习资料、最先进的教学方式和教学管理经验，使教育质量更优质。

（2）互动性

使用在线教育平台可以实现师生多形式的互动。传统课堂上师生互动形式过于单一，教师在讲台上讲，学员在下面听，很难激发出学员的学习欲望和激情。

而在线教育平台缩小了师生的心理距离，学员可以充分发挥主观能动性，展现不一样的自我，教学者也能更全面地关注到每位学员，从而根据学员的课堂表现和潜在能力去客观评价，并制订适合学员性格、学习能力的个性化发展方案。

（3）高体验性

线上教育能充分利用高科技辅导教学，从而弥补线下教学的不足，进一步提高学员的学习效率。在线教育平台可以集多项技术于一身，新技术让课堂更富有体验性，学习氛围更浓。比如，融入游戏、情景以及娱乐性较强的教学方式，能真正打造出"寓教于乐"的课堂氛围。

（4）教与学一体化

与线下教学不同，在线教育平台增加了很多线下没有的功能，从而真正实现教与学的一体化。比如，学员想要学习，可以在平台上实现咨询、报名、缴费、选课、开课、作业、考试等流程，而平台可针对每位学员的学习表现、学业成绩和作业完成情况，进行跟踪管理和有效反馈及评估等一整套流程，使教学更加规范化、一体化。

5.1.3 在线教育平台的作用

线上教育与线下教育一个主要区别在于，前者在平台的辅助下，管理变得更简单、规范，省时省力，通过平台后台的智能化操作，几个人就可以完成所有的管理工作。在线教育平台对教学管理的促进作用主要体现在两个方面。

（1）提升教师的教学质量

在线教育平台这一工具，首先是为教师提供的，通过该平台教师可以实现一站式教学。

同时，平台还会提供很多学习机会。比如，提供教学资料且这些资料都来自优秀教学工作者的研究成果。教师通过学习这些资料可以充分吸取优秀的、经验丰富的工作者经验，从而有效提升授课质量。有的平台会为教师提供定期的技能培训，这是教师自我成长的好机会，即通过学习培训来提升自身能力和技能。

（2）提升学员学习体验

营造丰富的学习体验是在线教育平台的一大特色，学员学习体验良好，学习效果才会好。现代教育主张"体验式"学习模式，强调教学活动的开展和教学过程的管理始终以学员为主体，从而提升学员从课堂上获得知识的能力。

在线教育平台采取线上授课模式，注重课堂师生互动和答疑环节，讲师能够广泛听取每个学员的问题或建议，而且讲课时长和重点可控制和调整，同时学员可根据个人喜好和日常学习习惯，选择自己喜爱的、感兴趣的课程，以便学习过程有趣且有收获。

案例

橙啦是一款专门为考研的学员提供专业课程及海量学习资料的在线平台，如图5-2所示。该平台之所以如此受欢迎，与其完善的管理是分不开的。那么，该平台是如何做管理工作的呢？

图5-2 橙啦官网截图

一是对学员学习过程的管理。橙啦开展12人的小班模式，在微信群、QQ群和其他社交平台建立账号，形成会员学习制度。同时，安排教学助手，在上课前做好班级上课通知，上课中维护课堂秩序和辅助教学者，课程结束后布置课程作业提醒和收集学员问题，并及时与主讲教学者反馈和交流。在非上课阶段，定时督促学员完成任务，交流有关课程的疑问和建议，以此来提高教学管理水平。

二是对学员学习成果的管理，包括评测和学习反馈，不仅安排教学者

进行阶段性学习成果评测，而且会设置考试提醒，一直到考试前夕，甚至还延伸出考试估分和复试调剂等方面的业务。在学员完成考试后，会征求优秀学员的同意，将成绩拔尖学员和优秀学员作为下次招生宣传的实际案例。

5.2 在线教育平台的功能

5.2.1 在线教育平台基本功能

在线教育平台通常都有5个基本功能，分别为教学功能、教具功能、教务功能、督学功能和推广功能，如图5-3所示。

（1）教学功能

教学功能是在线教育平台的一个最基础性功能，借助此功能，教师可以根据教学计划安排日程，在规定时间内开展日常教学工作。高质量的在线教育平台往往就有完善的教学功能，教学功能质量的高低，也是衡量在线教育质量高低的主要标准。

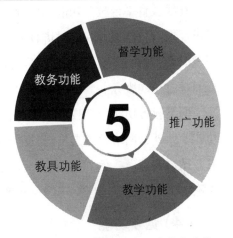

图5-3 在线教育平台的5个基本功能

在线教育平台上教学功能的实现载体是互联网，借助互联网技术、多媒体信息技术等，将教学主体（教学者）和授课对象（学员）紧密联系起来，从而创建良性、高互动性的课堂教学。

同时，在线教育平台教学功能作用的发挥，也是基于各学科教师根据学员学习需求和差异性而制订的。

（2）教具功能

教具功能也是在线教育平台上必须具有的功能，是教学功能得以发挥的必要

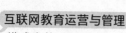
条件。教具可以帮助教师更好地完成教学工作，它对提升课堂效率、提高学员成绩都有促进作用。

教具包括很多内容，如课程开发，模板、文本、视频、素材，课程所使用的多媒体设备、技术等，同时还包括供学员学习的工具等。例如实验教学中配套应用的教具，物理电流实验里的小灯泡、电压器、变压器等；化学原子实验里动态视频显示、不同化学公式对应的元素实验等；生物人体器官的三维模拟图等。

（3）教务功能

教务功能是在线教育平台应具备的匹配性功能，它囊括了互联网教学管理系统、教学资源管理系统等。教务功能类似于学校的"教务处"，其职能有共同之处，不同的是职责发挥的方式和途径不一样。

在线教育平台教务功能的发挥，需要平台管理人员针对后台运行程序、学员需求反馈、教学资源和课堂进程安排等内容，进行必要的教学管理。当出现系统问题时及时解决，当出现课堂秩序问题时及时疏导双方，为促进课堂教学正常进行而随时在线服务。

网络教务功能包括教学者管理、学员管理、课程管理、权限认证等教务管理功能。此外，网络教务人员对教学资源的管理，是以学科为单位，集中管理各种形态的课程资源，例如媒体素材（文本、视频、音频、图片、动画等），以及优秀论文、测试题库、典型案例、文献资料等内容。

（4）督学功能

督学功能是保障在线教育正常开展的重要功能。督学、督教和督管三者缺一不可，督学的前提是督教和督管，督导员需走进课堂听课、评课，给教学者评分、写评语，发现先进教学经验要及时推广，以帮助教学者提高教学质量。而对于学员的学习状况、学风建设，不单是辅导员、各科教学者的责任，还要看督学工作的效用发挥。

督学功能指对学员学习进行检查、督促和指导，在充分了解学员的思想心理状况的前提下，督导、指导他们养成正确的学习习惯，加强自身知识储备和能力修养，不断改进学习方法、优化学习效果，以培养德智体美育全面发展为目标。在线教育平台所具备的督学功能，主要是借助多种考核方式、评价方式来激发学员学习潜力。

例如，小鹅通为强化督学的功能发挥，与各大知识店铺或在线教育平台合作，推出了专属打卡小程序。小鹅通支持公众号、小程序两种接入方式，采用多种玩法模式，全面支持各类课程需求，如作业打卡、闯关打卡、付费打卡、加密打卡、微信群打卡等功能，为提升教育督学效率，小鹅通还推出了福利放松。

（5）推广功能

推广功能是在线教育平台扩展和发展的重要功能。对在线教育平台来说，推广尤其是线上推广的重要性不言而喻。通常，在线教育平台推广有五大策略，主要包括社交闭环、名师公开课、校企联盟、平台联合和O2O转化。

因此，搭建平台时需要搭建一个自带推广功能的平台，便不需要再接入第三方推广平台。比如现在很多在线教育平台就满足于拼团、分销、代理商、优惠码、海报裂变等多个推广功能，搭建平台时也要看看这些热门常规的功能是否支持。

例如，教学者在线教育平台就时常推出促销、拼团课堂。粉笔公司的工作人员设计的App页面，当学员成功下载完后，页面会根据学员需求、学习进度来推荐相应的课程。此外，粉笔教学者还在页面建立学习社交群，以QQ、微信等形式吸引更多有需求的潜在客户加入其中，或者以推荐优惠码的方式，鼓励现有客户向身边人推荐该软件，在学习的同时增加一小部分收益。

5.2.2　在线教育平台功能优化

就在线教育平台的质量而言，各个开发公司开发的平台差距很大，这种差距不是技术层面的，主要是功能层面的。一个在线教育平台具有5个基本功能，但并不意味着每个平台必须设置所有功能。要想脱颖而出，还需要根据需求进行优化，因而，在线教育平台的需求分析就成了核心竞争力。

（1）分析学员可能会用到的功能

进入在线教育平台的人员主要有3类，分别为教师、学生和家长，而每一种类型的人对于平台的需求各不相同，所以要根据不同的人进行不同的需求分析，有针对性分析才能开发出比较完善的在线教育平台。在线教育平台学员需求具体分析如表5-1所列。

表5-1　进入在线教育平台人员需求分析

学员种类	需求分析
学生	以搜索或挑选课程、练习课题、学习新知识等这些方面的功能为主
家长	可以查看孩子的作业、学习进度情况，了解孩子具体的学习情况
教师	可以批改作业、布置作业，可在线答疑及进行学生的信息管理，能与家长交流互动

（2）功能筛选

在线教育平台的定位不同，其所要达到的目的也不同。如果在线教育平台的定位是课后辅导类的，其核心的功能是作业布置、作业批改，并且具备一定的趣味性。如果在线教育平台的定位是线上学习，那么它的核心功能就是直播、录播、在线答疑，通过直播对学员进行线上教学，通过线上答疑解决学员学习上存在的问题，帮助学员更好地进行学习。

（3）根据功能确定原型

在确定了在线教育平台的学员可能使用到的功能并且将功能进行筛选之后，就需要对功能进行完善，把功能需求逐一列出形成一个整体，进而设计出教育平台的原型。

（4）平台交互设计

原型图确认以后需要对平台的交互方式进行相应的设计，但是在交互设计时要以学员为中心，切勿脱离学员。

5.3

在线教育平台的设计

5.3.1　在线教育平台的3个系统

根据使用对象的不同，一般意义上的在线教育平台应该由3个系统构成，如

图5-4所示，分别是讲师端系统、学员端系统和管理系统。讲师端系统主要针对讲师，学员端系统主要针对学员，即广大学员，管理系统主要针对平台管理员。每个系统又包含若干子系统。

图5-4　在线教育平台的3个系统

下面，将对3个系统的各功能模块的划分和具体作用进行分析和阐述。

（1）讲师端系统

讲师端系统是供教学者注册和登录使用的，其中包括多个子系统，具体如表5-2所列。

表5-2　讲师端系统的7个子系统

模块名称	模块内容
注册和登录子系统	申请学员名，这个学员名是唯一的，填写姓名、密码、邮件等学员信息，还可以接入手机短信、社交软件等第三方平台登录方式
个人资料填写子系统	提供给已经注册成功的教学者更新个人资料的服务功能
教学内容发布子系统	发布内容动态，开启各类班课模式，以及实时视频、语音直播课程等
白板子系统	这个子系统主要是为了接入教务白板
答疑管理子系统	讲师对学员提出的问题进行回答，还可以删除和修改已提交的回答
试题管理子系统	讲师对试题进行修改、删除和增加的操作
互动子系统	学员和讲师进行文字、表情实时交流，还可以进行视频语音连表

（2）学员端系统

学员端系统主要针对广大学员，与讲师端子系统相同，同样可以分为若干个子系统，具体如表5-3所列。

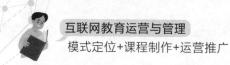
表5-3　学员端系统的6个子系统

模块名称	模块内容
注册和登录子系统	功能与讲师端注册和登录子系统相同
在线上课子系统	用于讲师发布实时直播课程，课程回看
网课和购买子系统	用于购买网课进行线上学习，可以加载第三方支付功能
教案浏览学习子系统	浏览讲师的情况，可下载网上的教案进行学习
提问浏览子系统	后台能对学员ID、已学课时、学习进度、学习天数、课堂测试成绩等数据进行统计，得出测试结果并评分
互动子系统	学员和讲师进行文字、表情的实时交流、连麦，师生共同操作白板

（3）管理系统

管理系统主要针对平台管理员，其下设的子系统如表5-4所列。

表5-4　在线教育管理系统的4个子系统

模块名称	模块内容
网课售卖子系统	可将讲师课程上传至后台，并设置名称、简介等参数，以视频、音频或图文形式在前台销售
数据统计子系统	可统计讲师授课数据，如售出课程金额及数量、直播授课次数、直播总时长、迟到次数等，为讲师结算工资作参考
课程管理子系统	可对当下热门课程进行分类和排序，为讲师安排课程表，并且能统计当前课程下所有的评价情况和打分人数
学员管理子系统	后台能对学员ID、已学课时、学习进度、学习天数、课堂测试成绩等数据进行统计

5.3.2　在线教育平台的5个模块

在线教育平台最基本模块要有自己完善的内容，能够实现线上教学和一体化服务，切实满足学员的需求。就内容这一层面而言，完善的在线教育平台至少要具有5个功能模块，具体如图5-5所示。

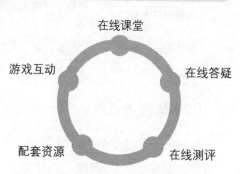

图5-5　在线教育平台应具备的5个模块

（1）在线课堂

在线课堂是教学者在平台实时实地对学员进行虚拟授课的一种教学形式。在线课堂是在线教育所有产品体系中最重要的一个，大多以图文音频专栏、语音Live直播、视频直播讲解为内容载体，几乎涵盖了所有的为内容付费的变现方式，支持嵌入公众号、App、网页等，比如腾讯课堂、网易云课堂、百度传课、淘宝教育。

从具体功能模块上看，在线课堂至少要具备如表5-5所示的3个模块。

表5-5　在线课堂下设模块的名称及内容

模块名称	模块内容
教学模块	课程类型要丰富，比如视频课程、音频课程、文字课程等，以使学员使用起来更方便
互动模块	包括即时通信、游戏竞技，让学员能够及时和教学者沟通，同时又能在"玩乐"中学习
培训模块	包括线上培训、线下培训、音视频培训、线上沟通。如果学员有什么需要巩固学习的地方，也可以通过不同形式进行培训

（2）在线答疑

在线答疑是教学者借助海量知识题库或现场指导的形式，对学员在学习过程中遇到的问题进行答疑解惑的教学形式。较为有名的互联网在线答疑平台有作业帮、学霸君、阿凡题、口袋教学者等。

在线答疑是在线教育平台的主要内容模块，要求形式丰富，体验性好，并且能够快速、便捷地反馈学员需求，帮助学员答疑解惑。那么如何保证达到这一效果呢？可设置以下3个子模块，如图5-6所示。

（3）在线测评

在线测评是指借助大数据技术或标准化技术模型，对学员知识储备和学习

客服模块：
人工客服、机器人客服、在线客服

问题上传模块：
图片问题、文字问题

问题答疑模块：
图文答疑、视频答疑

图5-6　在线答疑的3大内容模块

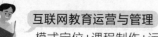

能力进行综合测试与评价。当前市面上较为流行的在线测评平台的测评方向有5个，分别为口语测评、文本测试、基础知识测评、升学测评和职业规划测评。

其中口语测评最多，例如英语流利说、口语100、多说英语等平台。文本测试产品有批改网、极致批改网等平台。基础知识测评产品是基于大量题库所设置的平台，类似于易题库。升学测评类产品有升学网等平台。职业规划测评有ATA等在线平台。

（4）配套资源

配套资源涵盖面广，多指与线上教学相关的信息。由于信息属性不同，内容资源可分为课程、试题，而且当前市面上的内容资料多是综合呈现的。现有的网络典型资源包括学科网、寓乐湾等。内容资源主要包括在线教育的课程号研发及制作、教辅资料制作以及师资力量的建设。

（5）游戏互动

教育游戏是在线教育中非常重要的一个部分，是将学习过程游戏化的教学功能。比如，一些公司的在职培训往往采用游戏教育的形式，甚至花钱找来专业的公司来组织员工集体游戏，目的就是提高团队凝聚力。而游戏之所以有这样的效果，是因为在游戏中对于赢的渴望会充分调动起每一个成员的参与热情，而当大家能够齐心协力向同一个目标努力时，团队的心便聚拢了，力量便增强了。

第 6 章

平台运营：
对平台进行最科学的管理

通过第5章的学习，对平台有了基本的了解，接下来就讲对其的运营管理。本章主要讲述平台运营的三大板块，即产品运营、内容运营、学员运营。这都是创业者在工作中需要重点了解的内容。

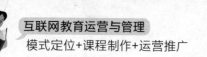

平台的运营与管理

6.1.1 在线教育平台的运营管理

搭建好平台后接下来就是对其进行运营管理，包括内容运营、学员运营、营销推广运营等。以往的线下传统教育也需要管理，但管理与运营不同。运营其实是在互联网出现以后才形成的，当教育从线下转到线上以后，教育工作者就面临着诸多新的困难，最大的困难就是缺乏对平台运营的经验。

互联网时代的产品，特别是依靠网络技术开发出来的互联网产品，正在以一个新的姿态出现在大众面前，包括产品形态、功能、体验、盈利模式等，是以往任何时代产品所不具备的。在线教育平台作为互联网产品的产物，其运营工作与互联网产品运营工作有很多相似之处。

因此，在了解在线教育平台运营之前，有必要先了解一下什么是互联网运营。

互联网运营可以从两个层面来理解，从广义上讲，是指对在线教育整个企业的所有经营管理活动，以及与其密切相关的各项工作进行计划、组织、实施和控制等的总称。从狭义上讲，仅仅是指对其平台自身及其相关方面，如宣传推广、粉丝引流、数据分析、反馈改进等的运营。本书谈到的运营是狭义上的概念，指围绕平台而展开的运营。

传统教育只要有足够的教师、高质量的课程，基本就可以在市场上立足，而在线教育除了具备上述两个条件外，还必须辅以强大的运营。教师、课程、平台运营是支撑在线教育平台赢得市场和学员的三个最基本条件，三者的关系，如图6-1所示。运营在企业运转过程中起着决定性作用，在质量几乎接近、技术日益普及的前提下，拼的就是运营。

在线教育平台管理的核心是运营，不懂或不重视运营，即使有再好的产品、成熟的技术，也很难持久地发展下去。

制造需求，并满足学
员刚性需求

将课程转化为学员所
需，将需与求衔接起来

对平台、课程进行宣传推
广、销售等一系列操作

图6-1　课程、教师、平台运营三者的关系

6.1.2　在线教育平台运营工作的内容

从工作性质上划分，在线教育平台运营工作可以分为4大类，具体如图6-2所示。由于这部分内容在6.2节会详细阐述，因此这里只抛砖引玉地介绍一下。

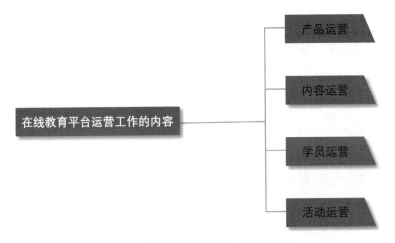

图6-2　在线教育平台运营工作的内容

（1）产品运营

产品运营是整个运营链条中最基础的，是针对企业生产或销售的产品而进行的内容建设、学员维护、营销推广等相关工作。现在很多互联网教育平台都设有专门的产品运营这个岗位。对于互联网教育而言，产品就是课程，以及与其配套的服务，产品运营就是围绕课程及其服务而进行的一系列工作。目的就是对课程进行专业化管理，以更好地服务学员。

（2）内容运营

互联网教育的内容运营是指基于课程而进行的内容策划、内容创意、优化、编辑、发布与营销等一系列工作。目的是通过这些付费的或免费的课程赢得新学员，稳固老学员，在产品与学员之间搭建一个以内容为主的沟通渠道。

（3）学员运营

如果说活动运营是一种"以课程为中心"的运营方式，那么学员运营则是"以学员为中心"，目的是贴近学员，引导学员，强化学员对企业、对课程的忠诚度。

在整个运营过程中，学员运营应该始终贯穿始终，多与学员交流，多听学员的反馈。

（4）活动运营

活动运营是指基于市场，组织、策划某个营销推广活动，对课程进行宣传、曝光、营销等一系列的干预行为，以达到增加下载量，增强平台活跃度，扩大品牌传播面的目的。

活动运营的媒介类型比较多，既包括传统媒体，比如电视、广播、新闻网站等，也包括新媒体，如微博、微信、头条、直播平台等。随着智能设备、移动互联网的发展，新媒体运营占绝大多数。

综上所述，运营可以用一句话来总结，即围绕平台，将各种各样的运营（产品运营、内容运营、活动运营、学员运营、数据运营）进行不同组合，连接学员和平台，从而更好地实现在线教学的目的。

6.2

产品运营

6.2.1 课程定位

产品运营解决的是产品定位问题。互联网时代产品定位问题非常重要，定位精准可以在短时间内获得市场的认可，获得目标受众的认可。反之，就会被市场拒绝，即使靠特定的渠道获得了一部分，那也不是很精准，流失得也很快。

对于互联网教育而言，产品就是课程。要确定课程服务的目标人群，通过定位创造出和竞争对手之间的差异，进而增强课程的竞争力。否则，当提供的课程不是市场所需，不是学员所需，最终必然淡出大众视线。因此，在线教育的运营人员在策划一个课程前，先要解决的是课程定位问题。

课程定位至少要解决3个问题，具体如图6-3所示。

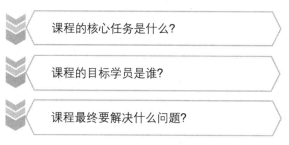

图6-3　课程定位的3个问题

6.2.2　课程优势

产品运营要解决的第二问题是，该产品有什么优势？纵观目前互联网教育市场，雷同的、功能相似的平台太多，导致很容易被"淹没"在茫茫市场中。一个平台尤其是新平台，如果一上市就被淹没，就很可能会被竞品压得永无出头之日了。

所以，做互联网教育课程，要有独一无二的优势，这是决定平台在激烈的竞争中脱颖而出的关键。

那么，课程的优势如何确立呢？很多人常说，一定要等到课程经过市场一段时间的验证，也就是说市场算了说。其实不必，在这之前完全可以通过竞品分析实现，而这一切都取决于产品运营人员。

产品运营人员的职责之一就是制造、提炼课程的优势所在，并与竞品比较，预判有多大的取胜把握。如果优势明显就可以执行下一步，如果优势不明显，甚至没有优势那就必须果断放弃。

互联网教育运营的一个关键就是务必要突出产品独特优势，给学员以超预期体验。互联网时代，消费者需求越来越个性化，一个产品必须能给用户带来独特

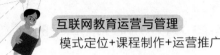

利益和感受，才有资格生存下去。

6.2.3 课程宣传推广

很多时候，一门课程非常好，但很难被学员接受；有的课程虽然不是最好的，但却备受欢迎。这里涉及一个问题，那就是宣传与推广。在线教育产品运营人员有一个很重要的职责，那就是对产品进行科学合理的宣传，并制订宣传方案，包括构思、策划、推广，让产品以最佳的形象、最快的速度出现在目标受众面前。

互联网教育的产品推广渠道大致可以分为线上和线下，在实际运营中既可以单纯走线上渠道或线下渠道，也可以走线上线下相结合的渠道。

（1）线上推广

互联网、移动互联网的快速发展，促使大众更愿意将时间花在电脑和手机上。事实上也是如此，越来越多人的生活、工作、社交开始依赖微信、微博及各类App等。在这种背景下，线上推广也就成为绝对不可忽视的方式之一。

做线上推广的关键就是打通各类平台，覆盖全网络。一个产品必须在多个平台上同时推广，涉及各种学员，才能吸引大量流量。目前，各种线上推广平台非常多，常见的平台及其特点如表6-1所列。

表6-1　各类线上推广平台及其特点

名称	示例	投入成本
论坛	贴吧、知道问答、社交性的网络社区	低（有一定的文字功底）
博客	带链接的博客文章、博客软文	低（有一定的文字功底）
媒体	媒体软文、媒体新闻	中（有丰富的媒体资源）
社交工具	QQ群、微信群、微博群等	中（投入大量的时间、精力）
邮件	各类邮件网站	中（体力活）
SEO	各大搜索工具	高（购买链接）
SEM	百度竞价、谷歌排名	高（竞价费用较高）
流量互换	同等产品互挂广告，交换流量	高（有一定的流量基础）
产品合作	相同规模的产品合作	拥有好的产品
广告弹窗	视频网站、直播平台	购买网站弹窗广告

（2）线下推广

线下推广与线上推广是完全不同的一种推广方式，它更侧重于传统的线下活动，注重与学员面对面实地交流，是传统营销渠道中不可或缺的一种方式。虽然现在是线上渠道主导营销的时代，但线下渠道依然有着不可小觑的威力。因此，运营人员在做产品推广时不可忽视线下渠道。

在进行课程运营时，地推是一个工作重点，需要选择并制订最适合自己的地推方式。地推的类型主要有5种，具体如表6-2所列。

表6-2　常见的5种地推方式

发传单	发传单是成本最低的一种方式，可以直接把产品和宣传信息打印到宣传单上，进行随机传发。但正因为随机性强，效果往往也不会太好。因此，这种方法避免单一使用，可以配合礼品赠送、二维码扫描等活动进行
礼品赠送	通过设点的方式，在校园、小区、商业街等人流量多的地方进行推广，主要靠赠品的吸引力来吸引学员关注
微信扫码分享朋友圈	通过扫码关注的方式进行地推是最便捷、快速的方式，能在短期内迅速发展大量学员。学员关注后，再进行朋友圈转发。记得在扫码时给予学员一些实质性的优惠，学员才会更加喜欢
实体店面推广	这种点对点的推广方式定位非常精准，效果也很好。但一定要有针对性，比如推广一款餐饮类App，就需要到餐饮行业的店面去推广
活动宣传	通过举办地面活动，如表演、游戏、抽奖等方式，吸引学员关注和参与。活动方式多种多样，可以根据实际情况选择，关键是活动的策划要合理，对参与者要有足够的吸引力

（3）线上线下相结合

在如今这个互联网、移动互联网时代，营销方式发生了巨大变化。一个显著变化就是从以往的单方面线上、线下的活动方式转变为线上线下相结合的方式。

线下活动可以形成多种效应，在短时间内聚集学员，让学员与产品、学员与学员之间进一步交流。而线上推广则可以让线下活动得到更多学员的关注，制造舆论，形成大范围的传播。总而言之，线上推广和线下推广相结合，是大势所趋，也是最常规的操作方法。

比如现在一些品牌会利用直播进行推广，同时邀请主播与消费者互动，这就是典型的线上线下相结合的做法。

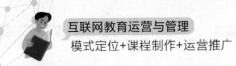

6.2.4 课程评价与反馈

学员使用产品后的评价和反馈是产品运营人员需要十分重视的内容。因为学员才是产品的唯一检验者，也是衡量产品质量好坏，能否适应消费者需求、市场需求，最终实现盈利的主要依据。

对于互联网教育而言，就是要明确学员对课程使用效果的态度。是好评多还是差评多？好评有哪些方面，差评集中在哪些方面？要想对这些了如指掌，就需要运营人员重点关注一些数据，并对数据进行分析，以便适时调整自己的工作方向。

这些数据主要包括两大类。

（1）学员留存率

判断学员对产品的依赖度或忠诚度，一个很重要的指标就是看学员留存率。任何一个产品学员再多，发展到一定阶段就会开始流失，留存率随着时间的推移会逐步下降，一般在3～5个月后达到稳定。因此，运营人员需要重点关注学员留存率，只有留存率提高了，真正使用产品的学员才会越来越多。

如果对留存率进行细分的话，又可以分为次日留存率、周留存率和月留存率，具体内容如图6-4所示。

次日留存率	周留存率	月留存率
适用于新品，如果对一个新产品学员的流失原因进行分析，看次日留存率比较有参考价值。这个数值达到40%是最佳状态	学员在使用产品后，通常会经历一个完整的使用与体验周期，这个阶段留下来的学员就有可能成为忠诚度较高的学员	多适用于互联网产品，因为这类产品迭代周期通常是3～4周一个版本，所以月留存率能够反映出某个版本的学员留存情况

图6-4 学员留存率分类及其特点

在排除学员的个别差异性影响因素后，比较次日、周、月留存率，可以更准确地判断产品存在的问题，然后进行优化，企业未来的运营计划也可以据此做出调整。

那么，如何来计算学员留存率呢，可以通过表6-3所列来详细说明。

表6-3　留存率举例计算表（周留存率）

项目	第一天	第二天	第三天	第四天	第五天	第六天	第七天
访问量	100	110	128	130	140	158	180
留存量	100	95	90	86	71	60	50

计算学员留存率，必须明确学员访问量和留存量的概念，从表中可以看到每天的学员访问量和留存量的数据，且访问量在递增，留存量却在递减。其计算方法为"留存量／基础数据×100%"。需要注意的是，基础数据是第一天的访问总人数，如计算第二天的留存率是以第一天的留存量作为基础数据，即100人中有95人又使用了该应用。这时，第三天的基数数据仍要以第一天的100，即100人中有90人第三天再次使用了该应用，以此类推……

（2）活跃学员率

通过这个比值可以了解学员的整体活跃度。不论哪款产品，每天都有新增学员，也有流失学员。如果单独看每日的活跃学员数则是非常不科学的，所以，通常结合活跃率和整个产品的生命周期来进行判断。

随着时间周期的增长，活跃学员率是在逐步下降的，所以经过一个长生命周期，如3个月或半年的沉淀，活跃学员率还能保持在5%～10%，就代表这款产品有着很强的生命力，企业对此制订的运营计划是正确的。

活跃学员率的计算，可以采用以下公式：活跃学员率=活跃学员数／总学员数×100%。

计算活跃学员率，最关键是搞清楚什么是活跃学员。对于活跃学员的定义，100个运营人员心中就会有100个答案，对此，我们不做谁对谁错的评论，因为产品不同，衡量标准不同，活跃学员的定义维度也不同。

例如，图文类课程，学员只要看了某本书的目录、作者简介，且下载阅读了，都算是活跃；学员去做了一些设置，如换头像，或者是完善个人信息，这些也都是可以算活跃的。

再如，直播类课程，学员只要打开看了某段视频，搜索了某些关键词，给某个视频评论点赞了，都算是活跃。所以确实回归到产品战略上，我们可以总结一个核心点，学员发生的行为必须是有效的，这些行为是不是产品设计时想要的。

只要这些行为是有效的，那么发生这个行为的学员就是活跃学员。

6.3

内容运营

6.3.1 内容运营基本概述

简单地说，内容就是指文字、图片、音频等，而这些也是产品广告的主要载体。只有通过这些载体，消费者才会对产品的外表、内在有清晰的了解。而且随着移动互联网的发展和新媒体的大规模应用，内容对互联网产品的作用越来越大。

现在很多企业总是喜欢将产品植入微信公众号、知乎、抖音以及各大直播平台等，原因就在于这些媒体平台都有高质量的内容，可最大限度地吸引消费者，带动引流。在内容的带动下，读者会潜移默化地了解产品，对产品产生需求。

据此，内容运营的定义就是指围绕产品，通过创造、编辑、整合相关文字、图片、音频等，从而达到扩大宣传，提升价值，强化学员忠诚度目的的运营方式。

互联网在线教育内容运营是指围绕课程及其服务所进行的内容采集、创作、编辑、审核、修正与优化等一系列工作。这也是内容运营工作的全部机制，具体如图6-5所示。

学员通过网络流量对内容进行访问，运营者根据流量数据和学员反馈进一步对内容进行评价，对于学员访问率低或学员差评的内容需要调整或下架，同时填充新内容。此时，一项新内容又经过一次内容供应链的模型运转才能送达学员眼前，整个内容运营过程形成一个循环体，这就是内容运营的机制。

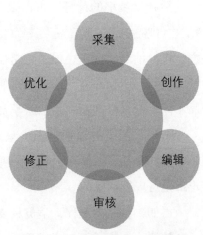

图6-5 互联网教育内容运营工作

6.3.2 内容构架搭建和填充

互联网教育平台上的内容，大多数呈现在网页、App或其他应用程序上。学员打开后，首先看到的就是页面的布局。页面的布局其实体现的是内容架构，好的内容架构可以让内容脉络更清晰，主次更分明，最大限度地引导学员阅读，激发学员阅读兴趣，最终培养学员使用产品的习惯。

就互联网教育内容运营而言，一个好的内容运营人员需要先对搭建内容进行构架，以便让学员从整体上对课程有所了解。那么，在线教育平台上完整的内容架构通常有5个插件不可缺少，具体如图6-6所示。

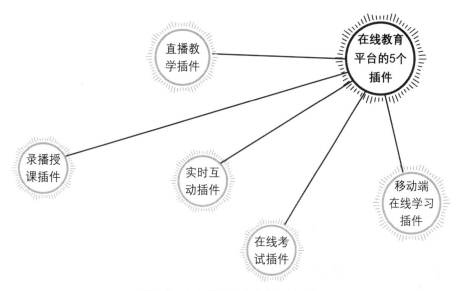

图6-6　在线教育平台上的5个插件

（1）直播教学插件

这一部分是平台必须具备的，而且是重点。直播教学中教师与学员的互动主要就是通过直播的形式开展，而直播结束后，通过录播回放，也可以再次满足学员巩固知识的需求。回放功能能够很好地录制教师网上授课的整个过程，让回放和直播一样清晰直观。

（2）录播授课插件

录播是在线课程教学主要的组成部分，在平台架构的构建中，这一功能不可缺少。录播能保证师生随时随地互动的需求，教师将提前录制的课件上传至平台；学员只需将课程加入学习或购买，即可自主学习，不受时间、空间、地域等众多因素的影响。

而且录播课程体验很好，不亚于直播。录播拥有多种类型，如视频、音频、PPT、图文、HTML静态等，支持超清、高清、标清等切换无压力，保证网络状态不佳也可以百分百流畅观看。

（3）实时互动插件

网络授课平台究竟好不好，在线互动功能是非常重要的。互动功能的好坏直接决定着能否像课堂一样无压力沟通。

云朵课堂网校系统提供的内容包括学员在听课时可随时在线讨论，向教师提问；也可以通过互动模块，发表提问，获取最佳答案。老师上课时可以给学员共享课程资料，互动区答疑，题库、考试测评等功能样样都不能少。

（4）在线考试插件

与多课堂自带题库管理一样，在线考试支持随机组卷、人工组卷；自定义抽题规则和分值标准，自由设置练习范围、答错题重复练习；手机短信、邮件提醒功能，提醒学习，发送消息；设定课后练习试卷，检测并加强学员课堂所学的知识，让知识在脑海里更加牢固。

（5）移动端在线学习插件

PC端向移动端的扩展已是必然，只要有网络，随时随地进行在线听课学习，已经成了众多手机控的首要要求。所以，网校平台要想全面套牢学员，只能实现PC端、手机端、微信端登录，支持课堂学习，免去了学员因为时间地点的问题而错过老师课程的学习，要真正让他们体会到拿起手机就可以上课、做题的良好体验。

6.3.3 内容的填充、更新和优化

当内容构架搭建完成后，就要针对内容进行更具体的工作，即填充、更新和优化，这也是内容运营的最基本操作。

（1）内容填充

填充内容可以使页面更丰富，这些填充工作非常重要，是内容运营的核心工作。内容填充的如何，不但决定新学员第一次接触产品时能否产生兴趣，享受优质的服务，而且还有助于产品的完善，向更高层次、更大格局发展。

不过，在填充内容时有两点要注意：第一，明确产品的切入点，尽量以单点突破的形式；第二，保证内容持续、新鲜，学员肯定是希望看到新鲜的、有价值的东西，要确保能为产品源源不断地制作出内容，并保持固定的更新周期。

（2）内容更新

在产品进入持续化运营阶段后，需要对内容进行更新，一方面让产品价值得以体现，另一方面保持内容创作的新意，避免学员审美疲劳。内容更新的最终目的是持续性凸显产品价值，提升学员黏性需求。

从内容本身来看，内容更新是为了让更多学员感受到产品价值，从产品中获取想要的内容。假设是题库类内容，就要不断更新题库，以满足很多人的需求。假设是课程类内容，就要不断增加新内容来保证产品活力，也可以对新上线课程做新品推荐专题。

（3）内容优化

在内容更新的同时，也需要依据学员需求不断进行内容的优化，任何内容都不是一成不变的。反馈好的内容继续保留、置顶或做精品推荐，反馈差的需要分析其原因，并针对问题进行局部优化。对于效果极差的内容，应当及时下架，然后查找疏漏之处加以修改完善。

6.3.4　内容的深度管理

内容运营除了做好填充、更新和优化等基本操作外，还要做内容的深度管理，这就像产品排优先级。内容的规划、梳理可以节省学员的阅读成本，提高阅读效率。因此，在着手做内容之前要先想清楚先做什么内容，后做什么内容，重点做什么内容。学员最关心的、可能带来更大流量的、收益高的重要内容先做，不重要且不会影响学员体验的内容可以后做。

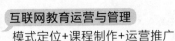

每个人的精力是有限的，当一个内容呈现出来后，谁也不可能完完整整地从头看到尾。用20%的内容满足来自80%的学员需求是最理想的，因此，运营人员非常有必要对内容进行规划和管理。

所谓内容规划与管理，就是对内容的文字、编排、表现形式等进行管理，以进一步体现内容的价值，让其充分发挥对产品的宣传、推广作用。内容的规划与管理主要包括4个方面，如图6-7所示。

1.内容审核　　　　　　　　2.内容推荐

3.内容贡献学员管理　　　　4.内容时效性管理

图6-7　内容规划与管理的4个方面

（1）内容审核

对内容进行管理首先要严格把控内容质量，不符合政策且与大方向相悖的内容坚决不能出现。一些负面的内容也要尽量杜绝。平台流量大起来以后，可能会引来不少既得利益者发广告或者造谣，这时对内容进行审核就显得非常有必要。

内容审核主要就是负责删除一些不和谐的内容，因此，内容审核管理做的是产品违规制度的界定，与技术人员一同研发系统，同时不断丰富黑名单词库里的词汇。

（2）内容推荐

为提升学员阅读体验，现在越来越多的产品开始尝试对内容进行划分和优化，以推荐的形式引导用户阅读。如一款App，进入其界面其实就是进入了一个内容的世界，底部的菜单栏、顶部的目录、买一送一的活动等，处处皆内容，只是表达的形式不一样。如何让这些不同的表达形式呈现出相同的效果，让学员有良好的体验感，认为这是一款好产品呢？这就需要内容的优化和推荐了。

内容推荐，简单点说，就是编辑从站内或者站外挖掘好内容，然后进行二次编辑加工，在内容推荐位上进行展示。复杂点的叫内容推荐管理，运营需要从产品层面去规划内容推荐体系，推荐什么内容，内容从哪里来，在哪些位置推荐，内容更新节奏，如何衡量推荐效果，如何持续地优化……即使只是其中的产品消息推送工作，都可以是一个非常系统的运营工程。

（3）内容贡献学员管理

成熟的互联网产品通常会在学员出现明显分层时，设立专门的内容贡献学员管理这一岗位，其主要职责是负责内容贡献学员的招募、服务、活跃、考核、特权开发、礼品发放等。据目前所知，在内容贡献学员管理这块比较成熟的是百度百科。

百度百科对学员，尤其是核心学员有十分科学的管理，做的工作也非常到位，加强了企业与学员的紧密联系。

在生活中遇到困惑，或是别人说的某个词语自己不理解时，人们常常习惯百度一下，在百度百科中寻找准确、全面的知识解读。当我们习惯享受百度百科带来的便捷时，殊不知，在这个奇迹背后，不得不提一个独特的群体"蝌蚪团"。

蝌蚪团是百度百科最优质的内容输出学员，是百科科友团体的中坚力量。其成员主要由百度百科热心科友组成的，这些人是一批有知识、有能力，背景遍布各行业，甚至有一些堪称行业专家，以分享知识、协作编辑为共同信仰，一边接触行业最前沿学术理论一边补充百科词条。

蝌蚪团的主要工作是编辑、评审词条，协助官方完成建设性工作。科友们对词条有较深入的认知和了解，具有较强的词条编辑能力、评审及判断能力。他们除了要贡献优质词条，还需要作为导师指导高成长性学员编辑精品词条，充当普通科友与官方沟通的桥梁。官方会重点听取他们关于百科发展的讨论与建议。

另外，蝌蚪团的职责并不只局限于内容之上，还负责招募和管理蝌蚪团成员，为他们设置产品和物质特权。当然如果有成员违规了，也会给出对这部分学员进行警告和封号的处理建议。

如果把百度百科比作一部由网友协作编辑的百科全书，那么，蝌蚪团无疑就是这本书的内容执行官。既要负责内容的输出，也要对内容进行管理，这才保证了百度百科这么多年来，可以持续稳定为广大网友提供优质的内容，以获得更专业的知识解读。

（4）内容时效性管理

对于互联网产品而言，很多内容是有时效性的，因为这种内容仅在一定时间段内对决策具有价值。时效性内容可为产品带来有节点的流量高峰，时效性越强，越容易为产品带来流量。但很多内容的时效性是伴随着相应的管理产生的，对其的管理很大程度上制约着内容的客观效果。

当然，这种管理也不能简单粗暴地搞"一刀切"，而是根据产品类型进行有侧重的管理。比如，电商类产品主要是跟踪做促销活动，网络社区类产品就要做好内容策划。

6.4

学员运营

6.4.1　学员运营概述

学员运营是指以学员为中心，按照学员需求开展工作。学员运营核心是解决学员需求，即知道学员要什么，然后更好地为学员服务。了解学员需求是学员运营最重要的一点，因此，学员运营的本质其实就是发现并满足学员需求。

为了更好地理解这句话，我们可以将其进行拆解分析，如图6-8所示，这也可以认为是用于学员运营的4大要点。

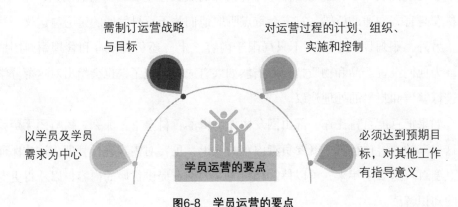

需制订运营战略
与目标

对运营过程的计划、组织、
实施和控制

以学员及学员
需求为中心

必须达到预期目
标，对其他工作
有指导意义

学员运营的要点

图6-8　学员运营的要点

学员运营是一个很烦琐的过程，运营人员要有足够的耐心和细心整理学员资料和信息，以便更清晰地知道学员从哪里来？是通过什么渠道过来的？学员是谁？以此做好学员画像，清楚你的学员需要什么？

学员需求永远是学员运营的依据，是开发、研制一款课程的基础。学员有什么样的需求，就要做什么样的课程，尤其是在互联网教育百花齐放的时代，个性化需求更加明显，对学员运营工作的要求越来越高。

6.4.2 学员运营的内容

学员运营的内容主要包含开源、节流、促活跃、促转化4个方面，如图6-9所示。

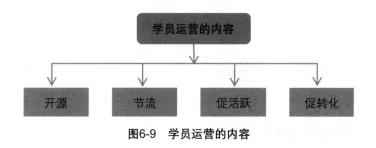

图6-9　学员运营的内容

（1）开源

开源指拓展学员来源，增加学员注册量，让更多人完成产品了解并注册。学员运营开源的有效措施包括官网产品介绍、产品在线体验、产品下载链接、软件市场搜索排名、增加学员体验评价等。

（2）节流

节流指节制学员流失，建立学员流失预警机制，挽回已流失的学员。导致学员流失的因素有很多，如软件功能欠缺、软件体验差、竞品有优惠等。学员在下载完软件后不久，就不使用产品或卸载软件都算作学员流失。因此，节流工作的任务就是重新唤起学员兴趣，让学员再次使用该产品。

（3）促活跃

促活跃就是让学员多频率使用产品，对于一些UGC的产品来说，促活跃的目

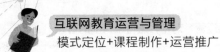
的就是让更多学员发表原创内容，与其他学员之间形成良性互动，或者建立起自己的粉丝群。学员活跃程度直接关系到学员流失，长期冷淡的学员都算流失。如何保证学员频繁使用该产品，从产品使用中体会到乐趣，这是促活跃的首要任务。

（4）促转化

促转化就是让普通学员快速升级为高价值学员。通常，互联网学员大部分属于免费学员和付费学员，或称之为普通学员和会员学员。免费学员享受的是产品的基础性功能及服务，而付费学员可以享受到更多功能及服务，拥有较好的产品体验。

因此，如何向普通学员展示会员学员所体验到优质产品体验，如何通过对比二者价值落差来吸引免费学员，让免费学员主动付费升级为会员学员，这些都将成为促转化的工作任务。

6.4.3 如何得到更多的注册量

注册学员是获取新学员的基础，在获取注册量上可以采用以下4种方法。

（1）提供免费注册体验机会

学员注册前就可以体验产品功能，尤其是核心功能的体验。在注册前让学员感受到产品的核心价值，一次核心功能的体验要比花言巧语般的宣传实在得多。

（2）添加官网下载链接

对于有PC端及其移动客户端的产品，设计一个下载页是很有必要的，下载页应当有序添加产品功能，添加PC、Pad、App端的下载标签和二维码提示。其中，对PC客户端的按钮，下载时要能直接弹出exe文件存储提醒，对于Android设备，点击下载标签或手机扫描二维码，要能直接弹出apk文件的储备框提醒，对于iPhone设备，点击下载标签后要能直接跳转到i-Tunes，扫描二维码要能直接跳转到电子商城中该产品的安装页。

（3）申请官方优质标签

在很多安卓应用市场中，可以为软件申请"官方"和"优质"标签，"官方"显示了权威，而"优质"则代表学员对软件的高体验与评价，这两个标签的申请，需要遵从开发者中心设置的具体条款。

（4）使用第三方账号登录

随着大众产品应用需求的增加，很多学员不愿意注册账号，记忆一大堆账号和密码比较烦琐。因而，很多软件开发商都选择与学员规模较大的平台合作，在学员登录界面增加第三方账号登录功能，比如，用常见的QQ、微信、手机号、微博、淘宝等形式登录。

使用第三方账号能够有效降低学员注册、使用新网站的门槛，同时降低新学员身份识别的难度，属于新网站、新学员和第三方账号共赢的一种方式。当新学员使用第三方账号登录时，系统会提示新学员完善个人信息，相当于间接地获取学员信息，完成新学员注册。当前，在互联网教育产品中，沪江网校、邢帅教育都提供了QQ、微博、微信等第三方登录的形式。

6.4.4 如何让学员留下来

学员长时间没有登录就属于学员流失，不同类型的教育产品流失时间不同。鉴于运营人员对学员群体活动周期性观察，这一时间可能会随之调整。建立流失预警机制，先要明确学员在什么情况下会流失，即流失的时间点、流失学员的特征……通过对一定学员基础的数据分析，可以初步建立起流失预警机制，如图6-10所示。

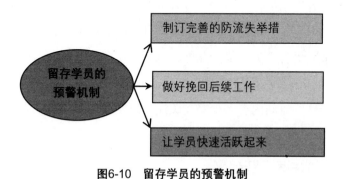

图6-10 留存学员的预警机制

学员从接触产品到付费要经历一个过程，在这个过程中学员随时可能流失。有些学员可能因为试用产品后，不满足自身需求而选择不注册该平台；有些学员

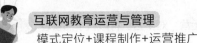

即便注册了该平台，但因为一条不满意的推送消息就选择不再使用该平台；也有一部分学员可能因为课程价格太贵就彻底放弃使用该平台。

当然，很多平台在学员卸载软件时，会让学员填写卸载原因，甚至还会让学员留下联系方式，这将为后期防流失措施打下基础。

通常，要收集学员流失的环节和原因，对已经流失的学员进行数据分析与整理，内容包括学员地域、年龄、性别、职业等，从而建立学员流失预警机制。

（1）制订完善的防流失举措

基于学员流失预警机制，在学员最容易流失的环节提高服务意识，针对学员流失的原因进行改进，甚至可以重新策划运营方案。

导致学员流失的原因有很多，如功能设置、界面设计、学员体验、产品价格等，其中功能设置属于产品的核心竞争力，加大技术研发就是防止学员流失的有效措施。界面设计可以依据学员反馈意见或竞品页面设计加以调整、改进。

学员基于使用场景，在学员注册完成后的三到五步加以引导，就是很好的交互体验。产品价格问题并不能轻易解决，价格竞争不是长久之计，更好地向学员展示产品价值，获得学员的肯定，才是解决因价格而导致学员流失问题的关键因素。

（2）做好挽回后续工作

成功挽回已流失学员，并不意味着万事大吉，因为这部分学员可能因为某些原因再次流失。因此，对待已挽回的学员，可采取安抚策略，一句亲切的问候远比"欢迎你回来"语言更为真挚。此外，对于已挽回的学员，需要把其当作新学员对待，及时通知学员产品最新改版信息。对于一些UGC类产品，还可以告诉学员，在其离开这段时间内有多少好友关注，以便及时呈现其动态，从而引导其去浏览观看。

（3）让学员快速活跃起来

要让互联网学员群体快速活跃起来，需要基于产品设计的趣味性展开分析，增加签到打卡、头衔、等级、勋章、排名等功能。其中，签到打卡是为了让学员形成使用习惯，头衔、等级、勋章和排名是为了满足学员的荣誉感，形成一种表彰机制。

此外，一些互联网教育类产品还增设了分享学习成就来获得积分的功能，一方面满足学员成就感，另一方面相当于学员自愿为产品做推广。还有一部分互联网产品设置邀请好友来获得虚拟币的形式来督促学员购买课程，这种方式一方面给予学员回报，另一方面也属于一种很高效的推广方式。

6.4.5　**从免费学员到付费学员**

大多数互联网产品都将免费作为吸引学员的撒手锏，其实最终的目的还是转化为付费。只有付费，才能实现变现的目的。因此，如何将免费学员转化为付费学员才是关键。转化的方式有很多，主要以免费体验、虚拟币奖励与充值两方面为主。

（1）免费体验

这种方式经常适用于课程类产品，如学大教育平台上有众多专业课程，可以让学员试听一段免费课程。这种免费课程多为一些技能运用类训练，零基础或基础薄弱的学员比较容易掌握，学习的自信心和兴趣也会相应提升。

在推送完免费课程后，平台会依据学员需求推荐VIP基础培训课程，介绍课程的相关内容和费用，以及较多的增值服务，从而有效吸引那些基础薄弱、需求强烈的学员报名，像腾讯课堂、百度传课、网易云课堂，普遍被入驻的教育培训机构所使用。

（2）虚拟币奖励与充值

这种方式适用于一些答疑类教育课程，新注册的学员可自动获取一部分虚拟币，还可以通过签到、好友邀请、回答问题等方式来获得虚拟币。此外，学员在发布疑问或难题，寻求帮助时，需要设置一些悬赏虚拟币。

当然，这种情况因人而异，对于学习好的学员仅靠自身赚取的虚拟币就可以满足自己提问的需求。对于学习较差的学员，仅凭赚取的虚拟币是难以满足其提问需求的，为此，充值付费成为一种学习趋势，免费学员也就自然而然地转化为付费学员。

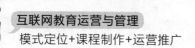

6.5

活动运营

6.5.1 活动运营的基本概述

提到活动运营大家都不陌生，最典型的就是电商平台。天猫双十一、京东女生节……电商平台各种活动大促不断，微博、微信、新媒体广告铺天盖地，从线上到线下都相当热闹。对于电商平台而言，最常见的一个营销手段就是做活动，通过活动实现流量转化。

活动，无疑是聚集人气的最好方式，通过对活动的运营可以提升企业形象、提高产品影响力、提升产品曝光度。其实作用远不止于此，还可以降低营销成本、拓展营销空间、提升营销价值、丰富用户体验等。

可见，做互联网产品离不开活动运营。那么，什么是活动运营？所谓活动运营，是指针对不同目的、不同性质的营销活动进行运营，包含对营销活动的策划、准备、实施、复盘等工作。

按照活动的目的划分，活动运营大致有3种类型，如图6-11所示。

图6-11 活动运营的3种类型

一是营销主导型活动运营，是指以盈利销售为主、品牌宣传为辅而展开的主题运营；二是传播主导型活动运营，是指以品牌宣传为主、盈利销售为辅的策划活动；三是混合型活动运营，兼备了以上两种类型的特点，既做营销又做传播。

在当前媒介市场竞争日益白热化的形势下，媒体将越来越多地扮演企业或准企业角色，也将越来越倚重营销主导型和混合型活动运营。

6.5.2　策划活动前的准备工作

对于互联网教育领域来说，活动运营必不可少。那么，活动运营具体应该如何做呢？

接下来就详细讲解一下运营人员如何做好活动运营工作，具体工作有8项。

（1）确定活动目的

活动运营的目的主要有两个，一个是增加学员数量，另一个是提升课程销售量。为了实现这两大目标，需要制订明确的量化指标，具体如图6-12所示。

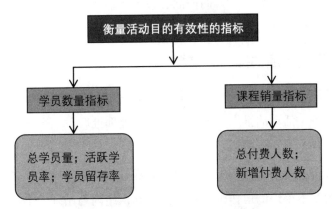

图6-12　衡量活动目的有效性的指标

需要注意的是，以上是衡量活动目标有效性的核心指标，但不是全部，衡量一个活动目标是否达到了预期，有很多考核指标，图6-12中只是比较核心的指标。

（2）确定活动的参与方式

一个活动如果无法激起学员的兴趣，做再多努力也是徒劳。在这种情况下，运营人员就必须在活动策划上多些创意，多些亮点，让活动别具匠心。

这个环节需要思考的是如何刺激学员参与活动，也就是说，在有限的活动预算下，怎样让学员尽可能多地参与进来，以达到运营的目的。常用的活动有抽奖、打折、赠品等，当学员完成某个特定行为时，或符合活动规则即可享受商品

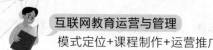

折扣优惠。

（3）撰写活动策划案

撰写活动策划案是对活动完整思路的梳理过程，它包含活动背景、主题、目标、预算、推广计划，以及需要哪些部门配合（技术／产品／设计）等。

（4）评估活动成本

在立项会议上先要明确告知相关部门此次活动的收益，以及学员将得到什么，然后拿出MRD（市场需求文档）和制作好的活动页面，让产品、技术人员对活动成本进行预估。

MRD和活动页面图可以在立项会议前，提前用邮件形式发给产品经理技术开发人员。另外，在立项时，多向产品、技术人员咨询，处理好活动页面数据埋点问题，做到数据不遗漏，方便日后对运营目标的达成情况进行多角度的衡量。

（5）准备充足活动推广的物料

立项成功后，上线时间、成本预估完成，活动基本就成功了50%，接下来就是为推广做准备。活动的推广分为内部推广和外部推广。

内部推广提前1周申请资源位，尽量申请最好的位置；外部推广主要是与渠道投放部门合作。活动运营要做好渠道的需求说明，具体操作不多，当然在创业公司做活动的基本渠道的运作也要自己做。确认站内与站外的推广资源后，同样需要其他资源，做好投放时间计划，以便有的放矢。

（6）上线测试

测试一般都由专业人员负责，测试项目主要看活动页面展示效果，与学员互动效果，以及后期数据反馈渠道是否通畅等。比如，票数统计是否正常；关键数据统计点是否精准。

（7）分析活动运行数据

活动上线后，并不等于万事大吉了，要使运营效果达到预期还需要做好监测，收集学员评论／反馈等信息，定期对数据进行跟踪分析。这样，既能够为活动结束后做总结奠定基础，也有利于活动的优化调整。

做活动数据分析，可以重点监测以下3项数据，如图6-13所示。

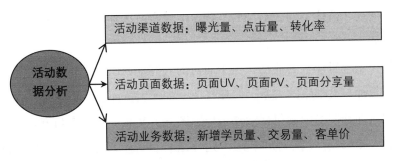

图6-13　活动数据分析的3个方面

（8）复盘

复盘，是指股市收盘后再静态地看一遍市场全貌。在股票市场中，这是针对投资者在股票交易时来不及观察、来不及总结等情况，需要在收盘后重新审视评估的一种行为。同样，也可以将这种行为运用在互联网产品活动运营上，以弥补策划、测试阶段的不足，将之前的流程重新演绎一次，从而对这次活动有足够的把握。

6.5.3　让活动富有创意的5个方法

如何才能做出让人眼前一亮、富有创意的活动呢?可以按照以下5个方法来做，如图6-14所示。

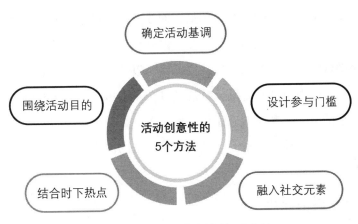

图6-14　让活动富有创意的5个方法

（1）确定活动基调

活动的受众群体不同，活动的基调也应该有所区别，要根据目标群体需求确定活动基调。

比如，做考研课程的活动，由于面对的人群基本以大学生为主，那么，活动基调就是教师与大学生的关系，旨在打造一种师生情怀。

影响活动基调的因素包括活动定位、图案、文案形式、参与方式等。这些都需要在活动策划阶段就确定下来，充分结合目标群体的实际需求和心理需求来定。

（2）设计参与门槛

活动设计参与门槛的设置非常重要，不能过高也不能过低，否则都会影响活动的效果。

活动门槛的设置需要根据活动性质而定，如果是为了积累高质量的学员，那么就要提高学员的参与门槛。如果活动是单纯追求规模，那么就要降低学员的参与门槛。

另外，需要注意的一点是，门槛可以根据活动目的调整，但不管是哪种，都要保证活动参与流程的清晰性，不能把活动环节设计得非常复杂，把学员挡在外面。

（3）融入社交元素

互联网产品主要依靠的是线上传播，而线上传播最主要的一个途径就是社交平台。社交平台已经是互联网、移动互联网时代最有效的引流工具，因此，活动要结合社交平台的属性，融入一些社交元素，以便在活动推出后适宜在各大社交平台上利用学员的力量展开传播，将活动进一步引爆，引发大范围传播。企业要充分把握社交平台的分享规则，让活动易于在社交平台上传播。

其实，分享就是社交元素，可激发学员分享的欲望，引发链式反应，让活动持续进行下去。

（4）结合时下热点

结合时下热点是一种借力，可以吸引、激发学员的参与热情，还能将一些

SEO的流量吸引进来。比如，当下火热的"网红"，只要根据自身品牌特点找到结合点，就很容易吸引学员。

（5）围绕活动目的

任何活动创意都是为活动目的服务的，要始终以活动的最终目的为导向。如果为了创意而偏离活动的终极目的，那么这个创意再好也没用。创意为目的服务，不要让活动流程中的一些因素改变活动的初衷。

第 7 章

品牌推广：
助推产品向更大市场传播

好的教育产品要发挥其知识价值，就要做好宣传推广工作，让更多的人了解并能体验到产品的价值所在，从而推动产品向更大的市场传播。本章主要讲述如何做好平台的品牌推广，通过打造品牌知名度，线上线下宣传，让产品在更大的市场中得到广泛传播。

7.1

在线教育品牌的打造

7.1.1 品牌推广的重要性

品牌是一种无形的资源。对于平台而言，可以凭借品牌的优势不断获取利益，可以利用品牌的市场开拓力、形象扩张力及品牌的资本内蓄力不断发展壮大；对消费者而言，可以大大提升其消费信心，降低消费成本。同时，品牌也意味着较好的质量，增加了顾客的购买价值，这也是顾客愿意为此支付品牌溢价的原因。

比如，考虫为了顺应新媒体平台的发展趋势，在微博、微信、抖音、B站等平台都设立了官方账号，打造新媒体矩阵。目前，考虫全网粉丝破千万。其中，抖音账号2个月粉丝突破30万。另外，考虫甚至会生产与四六级、考研相关的自制短片内容。

这些新媒体平台，不仅能将最新的活动信息、学习动态传递给用户，还是一个能与用户沟通联系、增进感情的渠道。

推广对品牌发展的重要性，主要体现在5个方面，具体如图7-1所示。

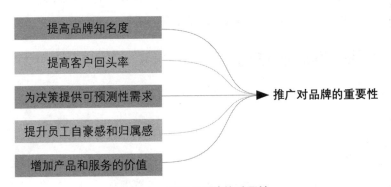

图7-1　推广对品牌的重要性

（1）提高品牌知名度

品牌文化对于消费者来说，可以提高忠诚度；对于同行业的平台来说，可以提高行业知名度。提高品牌知名度，不仅能提升平台主的个人地位，而且能带来

实质性的利益。同时，也能增加同行业或不同行业平台之间合作的机会，比如，交叉销售、联合促销等方式。

（2）提高客户回头率

在现实生活中，品牌资产暗示了一定水平的质量。良好的客户体验和与身份、品味相关的心理感受，能使满意的购买者很容易再次选择这种产品，这大大提高了回头客和口口相传的比率。

（3）为决策提供可预测性需求

品牌忠诚为平台提供了可预测性的需求，同时它建立的竞争壁垒使得其他公司难以进入这个市场。顾客忠诚也可理解为顾客愿意支付更高价格的意愿，即品牌溢价。从这两方面来说，品牌是保障竞争优势的强有力手段。

（4）提升员工自豪感和归属感

品牌对平台内部的作用可以这样理解：品牌给员工带来自豪感和归属感，使员工对平台更忠诚，并能提高员工工作效率，为平台创造出更大的价值。

（5）增加产品和服务的价值

对平台来说，品牌能够影响消费者的行为，能够给它的所有者带来未来持续收益的保障。平台愿意为品牌的并购支付数倍的资金，便是最好的证明。

7.1.2 品牌推广的方式

品牌推广的方式主要有4种，具体如图7-2所示。

（1）平面广告

平面广告是大众最熟悉、使用最广的一种方式，其形式也比较多，多是指在报纸、杂志、直邮广告中的文案，是广告作品中的文字部分。

平面广告的核心是文案。广告文案

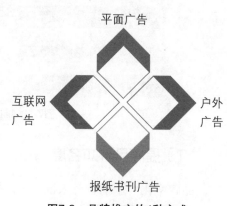

图7-2　品牌推广的4种方式

按类型可以分为平面广告文案、广播电视广告文案、产品广告文案、服务广告文案、公共事务广告文案等。按篇幅可以分为长文案、短文案、系列文案。

（2）户外广告

户外广告也是较常见的一种方式，户外广告是在建筑物外表或街道、广场等室外公共场所设立的霓虹灯、广告牌、海报等。例如在大街上看到的贴画广告、墙面广告等。此类户外广告的推广消耗的人力物力是比较大的，并且还需要付出较多的资金，但是其本身效果也更长久，并且也是时下最为常见的一种方式，广告传单也算是其中一种。

户外广告的推广方式所普及的面也是比较广的，并且影响较深入。更突出的一点就是其时间周期较短，能够在短期内看到效应，不过这种方式的代价也是比较大的，过于直接的宣传让很多潜在客户不敢轻易尝试。

（3）报纸书刊广告

报纸书刊虽然是一种比较传统的媒介，但在教育领域仍是最常用的一个推广方式。这是因为报纸书刊有相对固定的人群，且广告投入比较少。需要注意的是，如果想要达到一个较好的效果则需要长期投入。

（4）互联网广告

随着互联网不断地被大众所熟知，各类互联网广告也相应出现，比如，图片、文字、插播广告、HTML5、链接、视频、重力感应广告等。想要塑造自身的品牌形象，需要充分利用这些资源，通过网络让更多人看到我们的品牌。

可见，采用互联网广告推广品牌具有传统广告无法比拟的优势。互联网广告优势有很多，具体如图7-3所示。

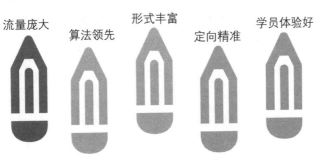

图7-3　互联网广告的优势

互联网广告是随着计算机、智能手机、平板电脑的广泛使用而兴起的，主要是指通过网络设备（电脑、手机、PSP、平板电脑等）访问移动应用或移动网页时显示的广告形式。

目前，投放量较大的移动广告平台包括百度、微博、头条、抖音、西瓜视频、陌陌、微信、今日头条、新浪新闻等。依托这些社交媒体软件的海量学员数据和信息流生态体系，可精准捕捉学员意图，有效降低学员干扰，将广告展现给目标客户，并且容易激发受众的主动性，促使其主动接受、分享。由于结合了大数据和AI进行精准投放，因此，无论是品牌曝光度还是获取效果都可以满足需求。

7.2

线上推广

7.2.1 搜索引擎推广

搜索引擎是一种信息搜索系统，是从网络上搜集信息的重要工具。它能提取各个网站的信息（以网页文字为主），按照一定的方法、规律整理以后建立起数据库，再提供给学员，以便查询，同时也可以根据学员的查询记录进行匹配，按一定的排列顺序返回结果。

利用搜索引擎工具进行营销因使用率和精准率更高，被越来越多企业认可并加大投入。从全球范围来看，85%以上的企业或产品信息都是通过搜索引擎被找到的。

搜索引擎营销，英文全称为"Search Engine Marketing"，所以又叫SEM（以下统称SEM）。这是一种非常重要的网络营销方式，是指基于搜索引擎平台，利用人们对搜索引擎的依赖和使用习惯，将营销信息传递给目标客户，因此也被定义为"精准营销"。

做搜索引擎推广，最主要是设置关键词，那么如何选择关键词呢？关键词，顾名思义就是学员在搜索信息时，能最大程度概括学员所要查找的信息内容的字或者词。

因此，在线教育平台在利用搜索引擎做推广之前，必须考虑好设置什么样的关键词，这将直接决定着信息搜索时的曝光度，过多、过少或不够精准都会影响到信息搜索的结果。为了更好地设置关键词，需要了解关键词的类型。通常来讲，关键词的类型包括相关关键词、长尾关键词。

（1）相关关键词

相关关键词是指与被搜索内容相关或相近的词，如"2021年十大在线教育平台"关键词是"十大在线教育平台"，它的相关关键词是"十大在线教育机构""十大互联网教育平台""十大在线教育品牌"。因此，在设置关键词时就可以将上面几个词都设置为关键词，相关关键词越多，搜索范围就会越大，被搜索到的概率就越大。

关于相关关键词的运用，各个搜索工具都持开放态度，允许搜索者在搜索时出现谐音相关词。如百度、谷歌都有相关搜索，并且还有热门搜索提示，会显示近期常用的相关词语。因此，企业在设置关键词时可以把相关关键词作为网站的分类栏目。这样做的好处是可以突出关键词，让其他网页辅助，且同时可在网站内多次出现。

（2）长尾关键词

长尾关键词是指网站上的非目标关键词，但也可以带来搜索流量的关键词。长尾关键词比较长，往往是由3个以上的词组成，甚至是短语。

长尾关键词存在于内容页面，除了标题，还存在于内容中，方便学员快速找到自己需要的内容。比如"互联网教育 创新 智能化"这组关键词就是长尾关键词。在搜索时首条就会出现"互联网教育创新十大变革趋势"这样的信息，从表面上看只含有"互联网教育""创新"等关键词，但"智能化"一词肯定会多次出现。

选择长尾关键词首先要考虑大部分学员的搜索习惯，分析一下学员通常会如何去搜索，然后才能确定与网站内容最符合的长尾关键词。所以，不能忽略长尾关键词的作用，尤其是商业站点，这样的流量最有价值。

搜索引擎的出现颠覆了人们获取信息的方式，也改变了人们在消费中的决策流程。从早期的AIDMA（注意、兴趣、欲望、记忆、行动）到今天的AISAS（注意、兴趣、搜索、行动、分享），搜索在消费者的购买决策中占据非常重要的环节，人们通过主动搜索来了解品牌和商品，建立深度认知，从而影响购买决策。

由于能圈定潜在学员，搜索引擎营销在整个网络营销大体系中占据着重要地位，是企业较常用的营销手段之一。

7.2.2 微信公众号推广

随着微信的大范围应用，微信公众号成为一种非常重要的营销工具。微信公众号由腾讯于2012年推出，目前已经成为在线教育平台宣传和推广的主要工具。

根据学员的性质，微信公众号可分为订阅号、服务号、企业号3种。订阅号主要传递信息资讯，服务号主要进行产品销售、学员服务，企业号主要用于企业内部沟通连接，在品牌推广上企业号不常用。

（1）订阅号

订阅号是微信公众平台上的一个信息平台，主要在微信端为读者提供运营者（企业、媒体或个人）发布的各种信息。订阅号的功能类似于报纸、杂志等传统纸媒，只不过是将内容从纸质搬到了手机屏上，并逐步成为一种营销工具，具有了宣传的性质。目前，公众号在营销界的运用非常普遍，遍及各行各业。

因此，订阅号也被看作是一个信息发布和推送的自媒体平台。通过这个平台读者可以随时随地阅读各种信息，如看新闻、听故事、学习知识等，图7-4为华清园教育服务平台推出的订阅号。

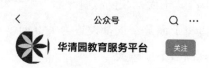

图7-4　华清园教育服务平台
订阅号上的信息

微信订阅号最初只是一个纯粹的信息平台，后来由于与商业进一步结合，在一些电商、互联网企业的运作下逐步成为一种营销平台，用以宣传企业信息、产品信息，吸引消费者的关注。

一般来讲，为强化读者的可读性，需要综合运用多种信息形式，至少两种以上，如文字+图片、文字+语音等，或者几种形式兼具。

（2）服务号

相较于订阅号，服务号是一种功能更全面、服务更完善的平台。服务号偏重于服务层面，目的是为运营者提供更强大的业务服务与学员管理能力，构建完善的服务体系。因此，对于企业营销来讲，经营服务号与经营订阅号是两个完全不同的思路。

服务号最大的特色在于可以自定义设置菜单，"自定义菜单功能"是一个自主性、机动性极强的功能。运营者可根据自己的需求自由设置和开发，目前，利用自定义功能可设置三个主菜单，每个主菜单下可设置最多5个子菜单。点击主菜单就会弹出该菜单下的子菜单，点击每个子菜单则会触发请求，回调出相应的回复信息和链接网页，这也预示着微信营销不再是单纯的消息推送和回复。

自定义菜单对于运营者来说，可以打造一个相对完善的服务平台，使服务更加完善、更加系统，将信息更充分地展示给学员。对学员来说则可大大丰富购物体验，在信息的获取上更快、更便捷。

服务号的另外一个特色是二次开发功能较多，更便于企业的营销需求，如增加微信小店、微信支付、微信卡券、会员卡等，这是订阅号所没有的。这些特殊的功能更容易增强学员体验及学员对公众号的黏性，且认证后的服务号可享有很多更高级的功能。

7.2.3　社交平台推广

社交平台推广就是借助社交软件进行品牌推广的一种方式，例如，微博、QQ、微信、抖音等，通过强化社交的方式，建立庞大的人际关系网，扩大品牌知名度。

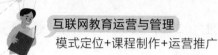

社交是人与人之间的一项社会活动，在互联网、移动互联网的推动下，逐渐与品牌营销融合，形成了一个独特的推广模式——社交营销。所谓社交营销，是指基于社交平台而做的一系列与商品销售、品牌推广的活动。这种方式与传统营销方式的最大不同就是互动性。在营销的同时，不仅可以卖东西，还可以与消费者进一步互动，如文字图片聊天、语音传情、群发礼品、建立兴趣小组等。

需要注意的是，社交是一种单纯的行为，很难形成强有力的凝聚性。利用社交平台初步建立起与学员的关系后，若要使社交关系得到进一步强化，不但要提升内容质量，有选择性、分对象地推送内容等，还要构建社群，对社交圈进行维护。

案例

以微信朋友圈为例，腾讯对朋友圈的定义是"连接一切"，意思就是促进朋友与朋友的情感连接。可以看看大家都在朋友圈做什么？晒工作、晒生活、晒个性、晒兴趣爱好，让远在他乡的朋友也能了解自己的动态，拉近彼此的关系。所以推广人首先要摆正一个观念，要把朋友圈真正看成朋友圈。凡在圈中皆是朋友，要沟通、交流、关心、点赞、评论、解答，建立你与朋友的情感连接。

社群与社交最大的不同就是社会属性更强，在整个过程中都需要人的参与，较之社交，更有信仰、更有情感、更有原则。通过社群管理和群成员之间的相互影响、相互渗透，可大大实现社交向商业的转化。

可以说只有社交，还没有经济效应。而企业要的社交思维，是必须建立在能产生经济效益的社群基础上的。那么，如何构建一个富有活力的社群呢？需要做好如图7-5所示的4个方面。

图7-5　构建富有活力社群的4个方面

（1）做好定位

社群不能盲目追求规模化，而是要准确定位，划定范围，走个性化、小众化之路。在对社群进行定位之前，先要了解社群的分类以及企业自身的性质。按照形式分可以划分为产品型社群、服务型社群、自媒体社群；按照用途可分为品牌社群、学员社群、产品社群。

因此，在建立社群时要先明白建立何种性质的社群，是情怀型还是利益型？是产品型还是服务型？是品牌社群还是学员社群？定位做好了，才能知道自己要吸引什么样的学员，由此，才能开展精准营销。

（2）分析学员

推广应该对学员做细致的分析，这个分析跟线下开店的市场调研类似，就是要了解目标客户。社交关系基本上可以分为强、中、弱三层。强关系指个人的社会网络同质性较强，人与人的关系紧密，有很强的情感因素维系着人际关系，比如亲戚、朋友、同学、同事等。弱关系的特点是人与人之间的关系并不紧密，也没有太多的感情维系，也就是所谓的泛泛之交。

中关系就是介于两者之间的关系。这类人是重点培养的对象。为什么要强调中关系？这是因为这类群体最容易攻破，一旦跨过信任壁垒，做了第一笔交易，他们将会成为你最稳定长久的客户。所以，每个推广人员都应积极开发自己的中关系。中关系可以是强关系的裂变，比如亲戚的朋友、朋友的朋友。也可以是弱关系的转化，比如通过泡论坛、逛博客、发微博、聊QQ群等，把陌生人转变为朋友。

（3）制造话题

话题可以为社群提升人气，建立起与粉丝相互信任的关系，为品牌尽快在大众心目中树立良好的口碑打下坚实的舆论基础。

其实对社群而言，制造话题很简单。有一个非常重要的技巧能够快速吸引粉丝的关注，即制造热门话题，集聚大量人气，最终带动品牌销售，树立品牌口碑。

（4）有效引导

既然是群体，那必须是需要相应规则规范才能长久生存，不然只会像一盘散沙，徒有其表。有很多人是抱着做专业社群的美好愿望，但建立的这些群要么一言不发沦落为我们所说的"死群",要么就是纯粹在聊天灌水,成了大家闲聊八卦的聊天室,这些都是群内缺乏引导的表现。

7.2.4 移动植入广告推广

移动广告是随着移动互联网而兴起的一种广告,其营销价值是巨大的。据2015年首部《中国互联网电视发展白皮书》数据显示,自2011年以来,移动互联网广告发展迅猛,截至2021年仅微信、QQ等手机移动客户端,每年带来的广告经营额就高达数百亿元。而随着移动互联网的发展,2016年移动广告市场迎来了真正的爆发元年,市场规模突破千亿元。

最近几年在新媒体上经常看到这样一种广告形式,如微信朋友圈、微博、各大新闻网站中出现的文字、图片、视频等广告等。它们是一种植入广告,但又不同于普通的植入广告,虽然有明显的植入印迹,但不会破坏学员体验。下面来看几个经常遇到的广告,如图7-6、图7-7所示的新浪微博、手机腾讯网广告。

图7-6 新浪微博中的广告　　图7-7 手机腾讯网中的广告

以上都是典型的原生广告，较之传统互联网广告，移动互联网广告有很多新特征，如独具特色的特点——移动性。另外，其在精准性、互动性、扩散性、整合性以及易测性上也有优势。那么移动互联广告的这些特点是如何表现的呢？接下来进行详细介绍。

（1）移动性

移动性是移动广告的最大特性，因为它的主要载体智能手机、iPad等是个人随身物品，绝大多数学员会把手机带在身边，24小时不关机，它的携带性比其他任何一种传统媒体都强，所以一旦有广告出现对学员影响是全天候的，广告信息的到达也是最及时、最有效的。

（2）精准性

相对于传统广告媒体，移动广告在精准性方面有着先天的优势。它突破了传统的报纸广告、电视广告、PC互联网广告等，单纯依靠覆盖范围实现传播目的的局限，在受众人数上有了很大超越。因为移动广告可以根据学员实际情况，实时推送，有针对地推送，真正实现"精准传播"。

（3）互动性

移动广告大部分依赖于社交平台、公众号、自媒体及移动App等，而这些应用都极具互动性，从而为广告带来较强的互动性。由此，广告主能更及时地了解学员的需求，学员也可以与广告主实时互动，实时反馈。

（4）扩散性

移动广告的扩散性，即可再传播性，比传统广告要强。因为移动广告可通过学员进行最大限度的口碑传播，只要自认为好、有价值，甚至是好奇心都会进行不自觉的自传播。如通过微信、短信、微博等方式转发给亲朋好友，直接向关系人群扩散信息或传播广告。

（5）整合性

移动广告的整合性优势得益于4G技术的发展速度，移动广告可以通过文字、声音、图像、动画等不同的形式展现出来。手机将不仅仅是一个实时语音或

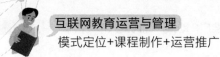

者文本通信设备，也是一款功能丰富的娱乐工具，如影音功能、游戏终端、移动电视等，还是一种即时的金融终端，如手机电子钱包、证券接收工具等。

（6）易测性

易测性是指移动广告客户端的数据监测，这对于移动广告效果的评估和追踪非常重要。因为企业或广告机构要想收到好的宣传效果，必须对广告传播效果进行跟踪。长久以来，广告的数据测量问题一直是个大难题，而在移动端，广告测量取得了重大突破，因为移动端后台可以很轻松地显示出大量数据，并进行初步分析。另外，平台方、广告机构也会提供很多数据报告，为广告监测提供了必不可少的依据。

不过，需要注意的是，要学会对数据的真伪进行鉴别，因为内容发布商测量的数据，与平台方、广告机构报告中的数据通常存在着差异。很多发布商仍使用一个过时的服务器端方法来测量印象数，而广告机构的报告是由系统通过设备端的JavaScript触发追踪器来追踪的印象数的。

7.2.5 自媒体推广

自媒体是信息化的产物，致力于在新的信息时代里给大众提供一种与众不同的、高效简捷的信息获取和分享的渠道。

自媒体是移动互联网时代在线教育平台品牌推广的主要形式之一，自媒体具有平面化、个性化、自主化等特点，更适合移动互联网时代的营销。

常用的自媒体平台有5个，如图7-8所示。

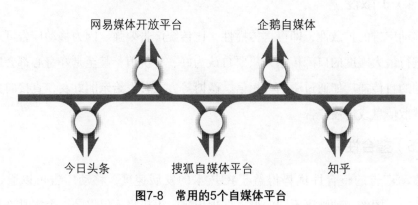

图7-8　常用的5个自媒体平台

（1）今日头条

今日头条由张一鸣于2012年3月创建，8月发布了第一个版本。这是一款基于数据挖掘的推荐引擎产品，旨在为用户推荐有价值的、个性化的信息，为用户提供连接人与信息的多种服务，是国内新媒体领域成长最快的平台之一。

今日头条是移动互联网上的主流媒体之一，现在越来越多的人不再订阅传统的杂志，甚至已经不再浏览传统的新闻网站，而是将更多的时间花在手机上。据官方资料显示，截至2017年6月，今日头条用户多达3.2亿人，是一个新型媒体的探路先锋，致力于在新的信息时代里给人们提供一个与众不同的、高效简捷的信息获取和分享的平台。

今日头条的申请比较容易，没有任何门槛限制，可同时在PC端、移动端登录和发布内容。

需要注意的是，新申请进入头条的用户需要度过比较艰难的"新手期"，新手期间每天只能发布1条信息，新手期限过后则可以增加到每天5条。与微信公众平台不同，今日头条是一个开放的平台，其内容不但可以通过各大搜索引擎搜索到，还专门针对搜索引擎做了优化，使搜索体验更好。因此，今日头条上的内容订阅用户可以登录阅读浏览，非订阅用户也可通过搜索引擎搜索来阅读。

今日头条的缺点在于，文章阅读量由其推荐量和阅读率决定，如果今日头条通过自己的引擎计算，认为你的文章质量不高就不会推荐，不被今日头条推荐的文章，即使经过修改，也不会被头条推荐。这种情况下，学员无论在客户端，还是通过搜索引擎（搜索引擎不收录），内容的阅读量都会很低。

同时，今日头条对发布的内容要求非常严格，必须是首发，如果在其他网站发布过，就很难通过其审核。

（2）网易媒体开放平台

网易媒体开放平台是网易新闻推出的自媒体平台，其上面的文章能够出现在网易新闻手机客户端中。作为老牌门户网站，网易新闻有一批忠实用户。据官方数据公布，截止到2016年6月，网易新闻客户端累计用户量已经达到5亿。

网易媒体开放平台的申请也比较容易，只需将网易新闻移动App下载到移动设备中，开通账号即可。同样申请通过后并不表示发布的内容可以马上被学员浏览。按照规定必须发布3篇以上的文章才可申请上线，通过审核以后所发布的内容才可以显示出来。

网易媒体开放平台的优势在于，平台对每天发布的文章数没有明确限制，同时也可依托网易新闻的市场影响力和用户基础提升阅读量。而且网易媒体开放平台还有Rss抓取功能，可以自动从其他自媒体后台抓取文章，省去用户手动更新的烦恼。

网易媒体开放平台的缺点在于，其是承载网易内部产品的一个平台，对用户产生的自媒体内容没有专门的推荐功能。还是那句话，一篇自媒体文章在没有推荐的情况下阅读量是很难提上来的，这些也直接导致网易媒体开放平台上的内容阅读量较低。

（3）搜狐自媒体平台

搜狐自媒体平台是搜狐网推出的自媒体开放平台，与今日头条、网易媒体开放平台一样，是一个内容平台，重在帮助运营者打造高质量的内容，提供相关的服务。搜狐自媒体平台是自媒体人必选的平台之一，之所以重要是因为该平台对每天发布的文章数量没有明确限制，且可推荐3篇。同时，也是所有平台中被录用搜索最多的平台，如通过百度搜索，无论是百度网页搜索还是新闻搜索，搜狐自媒体的出现概率都最大。

另外，搜狐自媒体平台上的每个账号还可以设置自己的广告，PC端平台有两个广告位，手机客户端有一个。这足以保证运营者在发表内容时可链接相关的产品或品牌广告。

（4）企鹅自媒体

企鹅自媒体是腾讯公司于2016年推出的自媒体开放平台，3月1日正式上线。虽然上线时间较短，各方面功能还有待完善。但由于背靠腾讯公司，在内容生产能力、用户连接、流量变现能力上不亚于其他任何平台，所发布的内容也有足够的曝光度。据悉企鹅自媒体平台的内容可同时在腾讯新闻客户端、微信新闻插件、手机QQ新闻和天天快报等多个相关平台上推荐，相当于使用一个后台的多个展示窗口。

企鹅自媒体后台还可兼容微信公众平台上的内容。通过设置，用户可以将自己微信公众平台上的文章自动发布在企鹅自媒体上，节省了大量分发的时间和精力。

（5）知乎

知乎是PC端知名度非常高的一个真实的网络社区，早在2010年底就上线运营了。随着移动网络的兴起，其在移动端也开始发力，成为独树一帜的问答类平台。该平台上的用户以专业、高端而著称，聚集了一大批行业精英，甚至有很多专家、学者、行业资深研究者、企业CEO等，用户间彼此分享着各自的专业知识、经验和见解。

内容是知乎的金字招牌，质量一般或是观点不够突出的内容，无法登上知乎平台。所以，在发布内容前运营者需要考虑所发布的内容是否足够新颖，是否有独特的观点，是否适合知乎的阅读群体需求。

除了以上介绍的5个平台外，还有很多自媒体平台，例如腾讯营销平台、一点资讯、凤凰号平台、淘宝头条、简书、UC订阅号等，这里就不再一一介绍。每个平台都有自身的优势和劣势，有自己的目标阅读群，所以如果想做好自媒体营销，还需要根据自身需求有针对性地选择。选择什么样的平台不是关键，关键在于运营，保证向读者持续不断地输出高质量的内容。

7.3

线下推广

7.3.1 地面推广

地面推广优势在于直面学员端、节约成本和洞悉市场。在地推执行的过程中，要经历五个环节：首先要确定推广目标是App还是公众号，确定好后通过地推盒子的方式来增加微信公众号关注，此时要建立完善的无线Wi-Fi设置；其次要选择好地推场所，只有选择恰当场所，才能使推广效益最大化；在物料准备环节，要事先考虑好推广现场的各种突发状况；在人员分配时，要把握好分工，坚持各司其职、不交叉、不偷工；在效果统计时，坚持实事求是，把握好数据类信息，不但要统计宣传单的发放量、赠品的赠送量等物品数据，还要统计公众号关

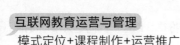
注量或App的下载量，最终得出工作效率，转化为学员成本等数据。

（1）优势

地面推广最大的优势在于推广人员可以与客户面对面的交流，灵活性强，而且推广价格较为便宜。地推人员在工作的过程中与客户的交流比较多，工作的各项环节做得比较仔细，能因地制宜，根据时机选择推广的方式。地面推广所聘用的推广人员大多为本地人，推广过程中能避免很多不便。

（2）劣势

地面推广最大的劣势在于采用人工推广，人的工作能力有限，在推广过程中非常容易受到其他因素的影响，如天气、交通、地理位置等。推广人员的工作量大，出行食宿等成本很高。地推在实行过程中需要投入非常大的人力、物力，推广时间较长，收到的成效比较慢，而且地推的范围相对来说比较狭窄，受限很多。同时地推还面临着一个很严重的安全问题，一方面是工作人员在工作中的人身安全，另一方面是地推工作本身的安全问题。

7.3.2 会议营销推广

会议营销简称为"会销"，指有计划地举办各类与消费者、媒体人面对面沟通，展现品牌文化和产品价值，以此来促进销售的公开性会议。

会议营销推广易于操作，可面对面情感交流，有利于渲染氛围。会议营销的类型包括产品发布会、项目招商会、企业周年庆、合作峰会、行业研讨会等，在进行会议计划时，要事先考虑清楚会议类型、目的、意义和主题等内容。

在筹备会议时，保证搜集的数据真实可靠，宾客邀约时做好自我介绍、物料准备和会场布置及流程规划。

会议营销最大的优势是广告投入低、操作周期短、风险系数小、销售成本低等，而且可以直接面对消费者，直接产生销售利润，快速回笼资金，加快销售环节，为产品的继续销售提供了相对稳定、忠实的消费群体。

会议营销的劣势在于数据收集难、影响面窄、操作难度大、涉及面广、过程控制难、信任度增强慢、环节紧扣性强、对传统营销手段冲击大、容易与同类产品发生冲突、获得地方政府理解难度大等。

第8章

技术应用：
教育行业中互联网技术的应用

较之传统教育，互联网教育最大的优势就是技术的参与。在整个互联网教育过程中，有多项技术参与其中，这些技术进一步提高了在线教育的质量和体验，形成了线下教育无法拥有的优势。本章主要介绍VR、AR、人工智能等技术在互联网教育中的运用。

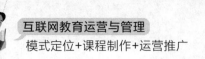

8.1

VR/AR技术

VR的定义、特点和应用

VR/AR教育正在成为未来场景化、体验式教学的风向标，激发学生在3D物理世界中的创造力及问题解决的能力，热度紧随其后。

2021年3月，国家在"十四五"规划纲要中提出：将虚拟现实和增强现实列为数字经济重点产业之一，并在关于虚拟现实和增强现实上提出"推动三维图形生成、动态环境建模、实时动作捕捉、快速渲染处理等技术创新，发展虚拟现实整机、感知交互、内容采集制作等设备和开发工具软件、行业解决方案"。

VR/AR教育培训是通过VR/AR技术来构建虚拟的学习体验，学生由被动接受向自主体验升级，有助于提升教学质量和行业培训效果。按照应用场景划分，虚拟现实技术在教育领域的应用主要包括中小学教育、职业教育、高等教育等方面。自从2016年VR/AR市场爆发以来，微视酷、科骏、微视威、中视典、亚泰盛世等企业纷纷布局VR/AR教育市场。

（1）定义

VR（Virtual Reality），即虚拟现实技术，又称"灵境技术""虚拟实境"，是指利用计算机仿真系统来搭建和体验虚拟世界，借助计算机设备来生成一种模拟环境，使其产生一种多源信息融合、交互式的三维动态视景和实体行为的系统仿真。

（2）特点

VR技术具备感知性，除了计算机所固有的视觉感知外，还涵盖了听觉、触觉、嗅觉、味觉感知等。可以说理想的VR技术拥有人类所有的感知模式。该技术使学员在虚拟与现实之间难以分辨，学员作为主角存在于模拟环境中的真实程度很高。

VR技术实现了学员与虚拟世界的交互性，真实模拟了学员对环境的可操作性及环境反馈给学员的完整过程。在这一过程中操作者可自由调节虚拟世界的物体按照物理运动定律进行的程度。

（3）应用

VR技术在教育领域的应用很多。在VR技术的应用中，无论是学校教育还是社会教育，VR技术的贡献都异常突出。目前国内很多高校已经引入VR技术来辅助教学，以替代传统教学方式质量不够理想的科目，例如，化学／物理实验、科学研究、动物进化史、航空航天等。而在社会教育方面，VR职业实训可以为社会培养专业技术人才，VR安全培训能提高社会群体的安全防范意识以及自救互助能力。综合而言，VR技术对在线教育、专业人才培养、安全科普普及都有极大的推动作用和影响。

VR技术创新互联网教育模式，互联网教育和以往传统教育模式之间存在着较大的差异，其能够切实有效推进教育模式和学习模式的良好改进，促进学员采用一些较为灵活自由的学习方式，增强学习过程的具体化、综合化、全面化。

在VR技术作用下，互联网教育模式不断创新和优化，从而对当前教育活动中出现的一些问题进行了良好的应对和解决。很多教学活动进行过程中，学员们由于缺乏良好的自我约束性，没有教师的监督，会出现逃避和厌烦的心理，影响到自身的学习效果，通过VR技术，将能够有效激发学员的学习兴趣，促进学员全身心地投入到实际学习环境中，提升自我行为的规范和约束效果，相应地也能够减少学员过多受到互联网教育负面的诱惑。

VR技术能够实现对教学的真实模拟，促进教与学的高度融合，从而让学员在真实、生动、人性化的环境中学习，增强学员的整体学习效果。

学员在相对和谐、真实的学习环境中，能保持更放松的状态学习各种知识。同时，能够与VR技术模拟出来的教师、同学展开尽情的讨论，提升学员的整体学习效果，切实有效推进教学活动顺利开展。

8.1.2　AR的定义、特点和应用

较之VR技术，AR技术在在线教育中的应用更为普遍，表现为利用手机摄像头，扫描现实世界的物体，通过图像识别技术在手机上显示相对应的图片、音视

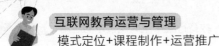

频、3D模型等。

《2020年AR/VR市场调查报告》数据显示，在AR结合垂直的行业应用中，有28%的受访者认为教育行业受沉浸式技术影响最大，仅次于医疗保健或医疗设备行业，具体如图8-1所示。

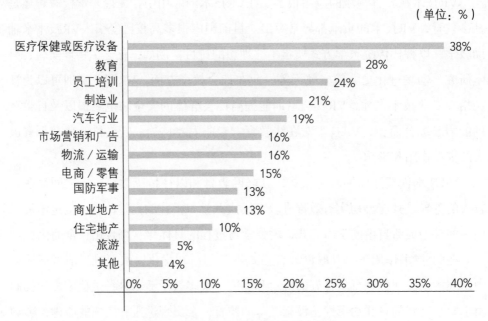

（单位：%）

图8-1　AR技术对不同行业影响程度

（1）定义

AR（Augmented Reality）即增强现实技术。这项技术是利用电脑技术将虚拟的信息叠加到真实世界，通过手机、平板电脑等设备显示出来，被人们所感知，从而实现真实与虚拟的大融合，丰富现实世界。简而言之，这种技术的目标就是使本身平面的内容"活起来"，赋予实物更多的信息，增强立体感，加强视觉效果和互动体验感。

（2）特点

AR技术的特点有3个：一是实现真实世界和虚拟的信息集成；二是具有实时交互性；三是在三维尺度空间中增添定位虚拟物体。简单来讲，AR技术特点可总结为集成性、交互性和虚拟性。

　　增强现实技术，是一种将真实世界信息和虚拟世界信息"无缝"集成的新技术，是把原本在现实世界的一定时间空间范围内很难体验到的实体信息（视觉信息、声音、味道、触觉等）通过电脑等科学技术，模拟仿真后再叠加，将虚拟的信息应用到真实世界，被人类感官所感知，从而达到超越现实的感官体验。真实的环境和虚拟的物体实时地叠加到了同一个画面或空间，同时存在。

　　增强现实技术，不仅展现了真实世界的信息，而且将虚拟的信息同时显示出来，两种信息相互补充、叠加。在视觉化的增强现实中，学员利用头盔显示器，把真实世界与电脑图形多重合成在一起，便可以看到真实的世界围绕着它。

　　增强现实技术包含了多媒体、三维建模、实时视频显示及控制、多传感器融合、实时跟踪及注册、场景融合等新技术与新手段。增强现实提供了在一般情况下，不同于人类可以感知的信息。

（3）应用

　　AR技术在教育方面的应用主要体现在互动学习上。例如，AR在早教和幼教领域的典型应用方式有AR卡片、AR童话书等，主要是通过手机App或者iPad扫描出现动画。AR图书外表看起来和传统图书差不多，不过当使用摄像头扫描时，3D动画元素、视频、声音就会显示出来。有些AR图书包含互动元素，需要使用者下载软件安装才能阅读内嵌在书中的一些内容。例如，视频+AR的《AR童话陪我玩》和《神奇小百科》就属于AR图书这一类。

　　AR技术在早期教育的应用还有一个就是App演示。Math Ninja是一款面向儿童的、通过游戏教数学的App。孩子可以通过AR把忍者小镇映射到台子或书桌上，小镇上方会出现一道数学题，孩子需要找到回答正确的村民。选择正确就可以获得集点卡，一共有40张集点卡。

8.2 人工智能技术

8.2.1 人工智能的定义、特点

人工智能（Artificial Intelligence）缩写为"AI"，又称为机器智能，是由机器展示的智能，与人类和动物展示的自然智能形成对比。通俗地说，"人工智能"一词是用来描述模仿人类与其他人类思维相关联的"认知"功能的机器，如"学习"和"解决问题"。

人工智能是人类体力与脑力的延伸，涉及计算机科学、心理学、教育学等多个领域的一门综合性的交叉学科。

（1）定义

人工智能属于计算机科学的重要组成分支，它是一门开发、研究用于模拟、延伸和拓展人的智能的理论、技术、方法及应用的综合系统科技。人工智能的实质是研究和生产出一种与人类智能类似的方式来做出反应的智能机器。人工智能研究的领域包含了机器人、语言识别、图像识别、自然语言处理和专家系统等内容。

（2）特点

人工智能有3个特点，具体如图8-2所示。

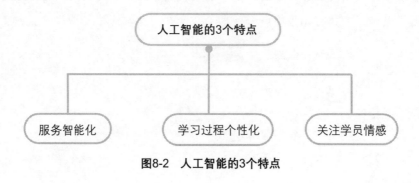

图8-2　人工智能的3个特点

1）服务智能化

人工智能技术应用在教育领域，可以为教学提供更多的智能工具，为教育者和学员带来智慧教学的新体验。在教学过程中，教师运用人工智能技术将学习环境与生活场景进行无缝衔接，提供智能化教学服务，提升教学效果，促使泛在学习、终身学习真正成为一种常态。

简单来讲，人工智能是对数据的采集、计算、加工、处理、分析和挖掘，以此形成有价值的信息内容和理论模型，从而拓展或延伸人类能力以外的服务。所以人工智能必须在理想状态下体现其为人民服务这一特征。

2）学习过程个性化

"人工智能+教育"充分利用智能技术的支撑，依据师生的不同特点和需求，为其提供具有针对性的个性化教育服务。同时它还可以实现跟踪并记录学习者的所有学习过程，通过对学习过程的分析来标记学习的重点、难点，进一步帮助学习者及时调整学习进度及学习计划，并为其制订个性化学习计划，推送个性化资源。

简言之，人工智能具备适应和学习特性，可以演化更新，在理想模式下能够随着环境、数据或任务目标的变化而调节自身系统参数，或者拥有优化理论模型的能力。这种云端、人、物间的数字化连接，使得人工智能系统操作更灵活，适应功能性拓展运用到各行各业的可能性提升。

3）关注学员情感

在线教育目前仍然存在情感缺失的不足，而人工智能教育应用则可以利用情感计算技术解决这一难题。

人工智能需要对外界环境进行感知、与人类交互式互补，即人工智能系统能借助传感器等零件，拥有对外界环境（包括人类）感知的能力，它可以通过模拟人类感官系统来接收外界信息，以文字、语言、表情、动作等形式来做出反应或回复。

通过鼠标、按钮、屏幕、手势、体态等诸多虚拟现实或增强现实的技术工具，来实现人与机器间的交互式互动，使人工智能设备体现"人性化"特征，同时与人类共同协作、优势互补。

8.2.2 人工智能在教育领域中的应用

随着人工智能热潮的兴起，日新月异的新技术蔓延各行各业，"人工智能+教育"应运而生，教育形态也因此不断得到重塑。人工智能在在线教育中的应用，如图8-3所示。

智能服务机器人 一对一个性化辅导 场景式教育 虚拟导师

图8-3　人工智能在在线教育中的4类应用

（1）智能服务机器人

智能服务机器人已经在各行各业实现渗透性发展，由最初的生产、生活工具逐步升级为人类可信赖的"早教"工具，成为无数父母用来辅导、陪伴孩童的好伙伴。国家倡导发挥学前教育阶段对孩童学习的指示性作用，儿童教育行业消费在家庭总体消费中所占比例的逐渐增大，均体现了人工智能对教育行业的影响力在不断扩大。如今，早教机器人已取代传统家教类电子产品，以更优质体贴的服务来引导孩子健康成长、学习。

当前，市面上的绝大多数早教机器人与VR（虚拟现实）技术和AR（增强现实）技术联系紧密，这些产品具备计算机视觉、智能语音控制、环境感知等先进技术的功能。这些新型技术的研发使得早教机器人更人性化，人机交互性增强。

例如，摩艾客将增强现实技术与英语教材相结合，推出了针对儿童英语早教产品——"魔客涂画乐"。类似于"小哈"的早教机器人将4D技术、增强现实技术应用于早教类课程，以此搭建虚拟的人物形象，满足孩童学习兴趣。在学习知识的过程中，早教机器人使知识的呈现、应用和操作更直观、更有趣，方便儿童理解和掌握，以此实现教学理论中的寓教于乐思想。

（2）一对一个性化辅导

坚持因材施教是众多教学法理论之一，也是我国教育政策改革的重要导向。然而，在我国固有的应试教育环境下，很难依据学员的认知水平、自身素质以及学习能力的不同来制订具体的、有针对性的学习方案。随着人工智能技术的发展和广泛应用，这一局面有了相当可观的改变，开展因材施教的可行性有了较大的提升。

一对一个性化辅导是根据学员的历史学习数据来预测学员未来的学习表现，并智能化推荐最适合学员的内容，从而高效、显著地提升学员的学习效果。

例如，个性化教育服务初创公司Knewton，坚持通过其教育平台为学员提供智能并具有适应性的教育方案。再比如，McGraw-Hill公司借助人工智能技术为每位学员创建自我适应的学习体验，在做阅读材料和回答问题等题目时，系统会依据他们对知识的掌握情况来推荐适合学员学习的不同资料。

（3）场景式教育

场景式教学是较为常见的教学法，利用VR（虚拟现实）、AR（增强现实）技术，其教学效果是显而易见的。此时，课堂授课不再局限于某一教室、黑板或PPT课件，而是将其内容扩展至整个宇宙。国内有家名为"Immersive VR Education"的VR/AR公司，它的旗舰产品之一是"阿波罗11号VR"，学员只要戴上VR眼镜，就可以"亲身"体验阿波罗11号登月的整个过程。

这种场景式教学要比传统的课堂教学法所创造的教学效果好得多、明显得多。

（4）虚拟导师

虚拟导师属于一种自适应学习系统，重点在于帮助学员的课后答疑和自学过程，而不局限于课堂教学授课。由于虚拟导师这一想法仍处于早期发展阶段，进一步推动则依赖于一些关键技术的发展，如语音语意知识的识别技术、数据的进一步采集和分析技术等内容。未来虚拟导师可能无法代替真实教学者，但它能有效辅导学员。

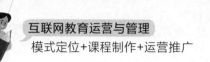

8.3

自适应学习技术

8.3.1 自适应学习技术的定义、特点

自适应学习技术最早于20世纪90年代前期，由德国航天公司作为基础性研究所开展。自适应学习技术与具体行业结构无关，它的使用目的在于影响系统的结构，从而促使产品优化。目前，自适应学习技术的应用已转向教育领域，同时，在互联网教育领域也得到不断拓展、延伸。

（1）自适应学习技术的定义

这种技术是一种全新的"智能结构／智能组件"，不同的组件之间有着共同的特点，这些组件满足了改善系统机械特性、效率、性能及其他特性的要求。在工作条件改变时，使其具备主动适应和目标优化条件的属性。

此外，这些组件不但满足经济实惠的条件，还注重选用材料、扩展功能和提高舒适性等，以及保障系统安全等问题，如优化软件碰撞或解决损坏监控等问题。

（2）自适应学习技术的特点

自适应学习属于在线学习模式，它与传统教学方式中的"一刀切"思想不同，主要通过计算机和信息技术来满足不同层次不同水平学员的学习需要。

自适应学习的中心是学员，教学者属于引导者，在智能技术、数字化技术的支持下，能够帮助学员建立完整的知识架构。自适应学习系统是一项涉及人工智能、计算机科学、认知科学、教育学、心理学和行为科学的综合性课题，借助人工智能技术，让计算机根据学员学习数据实施个别化教学，向不同需求、不同特征的学员推送针对性学习资源和指导性学习建议的系统。

自适应系统以知识图谱为根基，依据学员错误题目所涵盖的相关学科知识，找到学员最优学习路径，综合考虑学员的认知特点、当前的知识水平等特征，并试图推送针对性学习资源。整个过程中通过提供"学员学习画像"的推送策略，来实现系统的"智能"。

8.3.2 自适应学习技术在教育领域的应用

远程教育是自适应学习技术得以发挥的重要阵地，该技术有助于克服传统教学弊端，使教育过程体现出个性化、智能化学习特征，通过优化学习策略、组织学习内容和诊断学习过程，来推进自适应学习技术应用与远程教育相结合的发展进程。

例如，国外自适应学习平台Knewton，针对学员已有水平和目标来调整学习顺序、推荐学习内容、预测学习结果，为教学者提供学情分析，依据班级和个人差异性进行及时干预、指导，建立知识图谱，及时收集学习内容反馈，修改有误内容。

国内自适应学习平台以松鼠AI和英语流利说为代表。松鼠AI试图建立"知识地图"，对知识点进行细致拆分，并及时分析学员错因、重构知识框架，真正实现"哪里不会点哪里"的AI学习模式。

英语流利说的创建理念基于"层次递归认知理论"，实现等级测试、个性化教学，依据学员学习数据调整等级，以满足学员个性化需求。其界面呈现数据因人而异，系统会根据学员学习进度的变化，为其提供个性化学习方案。

自适应远程教育教学系统的层次如图8-4所示。

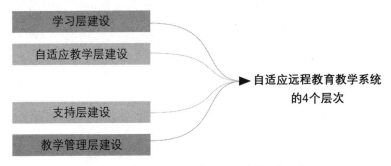

图8-4 自适应远程教育教学系统的4个层次

（1）学习层建设

在学习层中，除了需要具备学员进行注册和登录等基本功能外，还要有与学习诊断相关的功能。学员可以通过系统中的测试来进行认知能力等级、知识水平

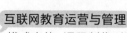
等级、学习策略偏好、认知风格等的预估。而这些数据构成了学员认知模型的初始数据，系统可以通过这些数据完成对学员知识水平、认知能力的诊断。

同时，通过自适应引擎，系统可以组建适合当前学员特点的教学课件，对于同一知识点，针对不同的学员采用不同的表现形式。并且，通过动态组建学习课件，组合出适合学员当前学习水平和进度的学习内容，供其学习。

此外，学习层还要有教学内容呈现的功能，以便让学员开展学习活动。在学习过程中，学员可以在系统中自主选择合适的学习策略，同时系统也可以根据评价的结果推荐学习策略，如学习能力强的学员推荐协作式学习、选择探索式学习等，更加注重自主学习的策略，而学习能力相对较弱的学员则可以推荐传授式策略。

（2）自适应教学层建设

自适应教学层能够对学员在学习层中的各种学习活动以及学习需求做出自动响应。在自适应教学层中，智能答疑是一个至关重要的功能。智能答疑系统可以为学员在远程教育教学中提供必要的指导，帮助学员顺利地完成各个阶段的学习。智能答疑系统包括机器答疑以及教师答疑两个组成部分。

当学员提出学习疑问，寻求学习帮助后，系统首先进入机器答疑流程，通过在知识库中自动检索，进行自动应答，满足学员的答疑需求。当学员的答疑要求超出了系统的能力，或者学员对自动答疑的结果存在疑问时，可以转到教师答疑，教师可以通过系统对学员进行在线指导，提供解答。在自适应教学层当中，自适应引擎是一个关键的部件，其承担着学习内容的动态组织的实现，对学员的请求进行响应，执行自适应规则等功能。

（3）支持层建设

支持层主要由内容对象资源库、学科问题库、领域知识库、自适应题库以及学习策略库构成。学科问题库存储着学员曾经提过的问题及其答案；领域知识库包含了教学内容以及教学内容之间的关系，教学内容由众多学习单元构成。自适应题库的目的在于测试学员对各个学习单元的掌握情况，确定其是否完成了现阶段的学习任务；学习策略库能够为学员的学习提供相应的学习策略。

（4）教学管理层建设

在自适应远程教育教学系统当中，教学管理层承担着支持层的数据维护、管理、初始化的功能。一方面，教学管理层需要对教学课程进行管理和维护，包括建立试题库，将教学内容划分成各个认知单元，构建教学策略等；另一方面，教学管理层需要在教学过程中，调查学员对学科知识了解的程度，并形成具有针对性的学习建议，同时对学员之间的协作进行管理及协调等。

8.4
其他技术在互联网教育中的应用

除了以上提到的VR、AR技术、人工智能技术、自适应学习技术外，还有云计算技术、移动终端技术、3D打印技术等。

（1）云计算技术

云计算技术为在线教育发展搭建了系统基础，它坚持以互联网为运行载体，以公开的标准和服务为基础，给学员提供安全、快捷、便利的数据储备和网络计算服务。它是网格计算、分布式计算、并行计算、效用计算、网络存储虚拟化等技术融合发展的产物，具有弹性服务、资源池化、按需服务、泛在接入等特点，使学员在任何时间、任何地点，用任何终端设备均可访问云计算提供的服务。

云计算技术在现代教育中的应用，主要体现在教育理念、教育运行模式和学习方式的转变等层面，它试图建立民主协作式创新发展观念，实现开放性、互动性、共享性、实时性的技术加速与教育的深度融合。

云计算技术能够以较低成本来创建先进、完善的硬件环境模式，它支持在线学习和移动学习，鼓励学员自主学习，类似于MOOCs、探索教育App等软件，最外围学习环境能够有效汇集智能、促进人机交互。

（2）移动终端技术

移动终端技术（Mobile terminal technology）是以移动设备为显示载体，具

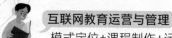
备网络浏览、多媒体呈现和程序安装等多种功能，并研发出一系列具备移动性、实时性、使用广泛性、易用性等显著特征的电子设备及配套软件。

移动终端技术在教育领域的应用，体现在教学空间、学习资源和学习模式的转变层面，它能有效拓展学习空间。像iPad、iPhone等手持移动设备能够帮助学员实现随时随地学习。移动终端技术丰富了教学资源，有利于构建学习共同体，在理论书籍的基础上增加了电子课本和电子书包等形式，使得教材呈现方式多样化，促进学员自主式学习、获得有效学习反馈，以帮助师生互动性交流。

移动终端的语音技术由语音识别和语音合成两个关键技术组成，语音识别（ASR）就是让设备听懂语言内容，语音合成（TTS）就是让设备将文本信息转化为听得懂、可朗读出来的语音内容。语音技术实现了即点即读、即点即译、人机对话等功能，使得设备真正地"能听会说"，呈现出智能化、人性化特征。语音技术能够通过创设戏剧化、角色化场景，来充分激发和调动学员的学习热情。此外，语音技术还可进行教学评价和质量反馈。

（3）3D打印技术

3D打印技术属于一种新型的、快速成型的科技，它以数字化模型或文件为打印基础，采用粉末状金属或塑料等可黏合类材料，并运用三维喷墨打印技术，借助分层加工和叠加成型相结合的方法，逐层打印增加材料的方式来形成三维实体的全新技术。

3D打印在教育领域的应用，主要体现在教育教学资源的拓展、教学方式的改进等层面，它能够将抽象知识变具体、将复杂内容变简单，从而引导学员建立正确的认知结构。比如化学中的分子结构、地理中的地貌结构、生物中的细胞结构、数学中的空间关系、物理中的磁场结构等内容，都可运用3D打印技术来展现。

这些全新的技术在教育领域得到广泛应用，促进教学模式、教学体系、教学内容和教育教学方法的变革，有助于加速教育手段现代化，促进现代素质教育的创新与发展。

第 9 章

案例分析：
在线教育平台经营管理实战

互联网教育平台落地开花，不仅表现在数量和规模上的显著增长，更重要的是，涌现出一大批优秀企业，其在商业模式、管理经验等方面日渐成熟。如果说前8章是偏重理论方面的知识，本章则以实际案例来介绍实践经验，旨在达到理论与实践的紧密结合，学以致用。

百度教育：引领线上教育信息化

百度教育平台官方App成立于2015年12月，是百度打造的专业公平的在线教育平台，旨在为成千上万的普通人提供公平的师资、课程、资源。该平台涵盖2亿专业文档，20万正版图书资源，5万多精品课程资源。

其优势是聚合了百度文库、百度阅读、百度智慧课堂、百度传课、百度优课、教育题库等资源，融合了百度所具有的先进技术，如人工智能、大数据、云技术等。百度教育为每一个学员带去个性化的学习方案及资源，为学校、机构提供智能化的资源管理和营销解决方案。

百度教育不是单纯的教学平台，它是一个综合性的教育平台，产品丰富，如图9-1所示。

图9-1　百度教育官方平台

百度教育业务分C端和B端两大板块，C端业务是面向学习者的，B端业务是面向学校、教学机构的，具体如图9-2所示。

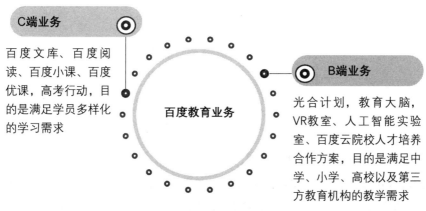

C端业务

百度文库、百度阅读、百度小课、百度优课，高考行动，目的是满足学员多样化的学习需求

百度教育业务

B端业务

光合计划，教育大脑，VR教室、人工智能实验室、百度云院校人才培养合作方案，目的是满足中学、小学、高校以及第三方教育机构的教学需求

图9-2　百度教育业务的两大板块

（1）C端业务：文库、阅读、视频同步发展

百度面向C端的业务，最初是主打内容，我们熟悉的百度文库、百度知道、百度百科、外语培训网等都是典型的代表，随着业务不断开拓，增加了视频类产品，例如，度学堂、传课网、百度小课等。

2012年10月百度文库课程专区上线。次年4月，百度推出外语培训网站（learning.baidu.com），由此拉开了百度在在线教育领域布局的帷幕。

2013年8月8日，百度上线课程平台百度教育，这是继推出文库课程和测试Learning.baidu.com之后，百度在教育在培训领域的又一次探索。

2014年1月，百度教育频道新增了一个基于视频授课的模块"度学堂"，由入驻的教育机构提供免费视频直播课程。7月，百度视频联手多家教育机构推出百度视频教育频道，全力进军在线教育市场。

2019年1月，百度正式上线音频知识付费产品"百度小课"，其是在"百度传课"App基础上发展起来，算是它的升级版，几乎所有主推荐位都给了音频内容。

（2）B端业务：掉转方向，打造AI+教育

2017年1月，百度明确AI是公司未来的方向，提出"百度AI+教育"的概念。这个概念的提出，意味着开始把重心转到B端市场上，重在打造智慧校园、智慧课堂，为线下学校、机构线上化提供解决方案。

确定主打方向后，百度的各个部门都面临着组织架构与业务方向的调整。与

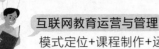
AI相关性较差的业务逐步被裁撤，包括医疗、外卖等，而教育被公认为是人工智能落地的适宜场景。

原百度教育事业部总经理张高也表示，要用"AI+教育"一端连接需求，一端连接服务。百度已经将重心放在了人工智能上，人工智能战略也正逐渐下沉到各个具体业务线，通过人工智能对接教育需求与服务，把教育和AI紧紧地联系起来。

至此，在坎坷中前进的百度教育事业，终于确定了新的方向。2018年，百度推出智能估分与志愿填报系统等教育信息化产品，和高校共建人工智能专业，并引进了人工智能教学系统，用"百度智慧课堂"帮助学校实现"AI+"。

2019年2月8号，百度教育正式发布了"AI+教育"四大产品：百度教育智慧课堂解决方案、人工智能教育解决方案、VR教育产品和面向高校的人才培养合作方案。这些产品可以为企业、政府、高校及培训机构提供智能的资源管理和营销解决方案。

随着科学技术的发展，人工智能教育是未来的方向，互联网教育已经不仅仅是简单的在线学习，而是与教育消费、人工智能以及大数据严密整合在一起，技术对行业将起到颠覆性作用。

从这点来看，百度有自身技术优势作支撑，加上和学校各方的合作，教育信息化可能的确是目前百度教育最适合的发展战略。

纵观百度在教育领域的布局，不管是定位不清，还是形势所迫，百度一直在教育领域大胆尝试创新。教育是一项长效而缓慢的事业，它的本质是人。人工智能虽然可以提高教学效率，改变教学方式，但它只是一种技术手段，终究是要融入具体的教学场景中，才能发挥它最大的价值。而如何深度融合，也是摆在百度面前的一个大问题。

9.2

腾讯课堂：最接地气的在线课堂

腾讯课堂是腾讯推出的专业职业培训在线教育平台，该平台下设职业培训、

图9-3　腾讯课堂部分课程

公务员考试、托福雅思、考证考级、英语口语等众多在线学习精品课程，打造了一种老师在线上课教学、学员及时互动学习的课堂。腾讯课堂部分课程如图9-3所示。

　　腾讯课堂定位为B2B2C平台，坚持同外部教育培训机构合作，连接在线师生，聚合优质内容，将线下课堂与线上课堂高效融合。上线至今，腾讯课堂累计服务近万家机构，教学者和学员人数众多。

　　腾讯课堂之所以备受学员青睐，与其天然具有的优势和精心经营是分不开的。具体体现在如图9-4所示的4个方面。

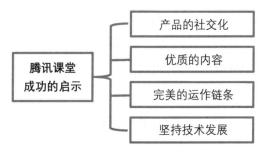

图9-4　腾讯课堂成功的启示

（1）产品的社交化

　　腾讯是个社交性平台，最典型的是QQ、QQ群，能聚集大量学员，而腾讯课堂与QQ、QQ群在产品底层有深度整合，在网站课程页面报名成功后，可以在QQ客户端找到已报名的课程，通过QQ客户端直接进入课堂。

　　腾讯课堂凭借QQ客户端的优势，实现在线即时互动教学，也实现了教育机构、教学者和学员通过QQ群完成任务的无缝对接。

　　教育机构拥有一定的管理权限，如负责各大机构入驻腾讯教育网站，完成教学者与平台、群主与平台的签约工作，实时发布课程等，这一过程中教育机构不直接参与教学者教学工作。

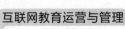
教学者在签约教育机构后，主要任务是完成在线教学，拥有对QQ客户端所有课堂和学员的管理权限。而且，还有助教协助教学者完成答疑互动、课堂管理等任务，助教拥有除教学授课外的其他所有权限。

学员或学员在成功查找并报名教育机构的课程后，可以立即加入QQ客户端，在教学者的引导下学习，同时选取一名班长协助教学者管理课堂秩序。

（2）优质的内容

腾讯课堂打造了一套完善的"内容+连接"的战略，即以社交平台为基础，连接不同形态的内容。腾讯课堂利用QQ积累多年的音视频能力，提供流畅、高音质课程的同时，也支持PPT演示、屏幕分享等多样化的授课模式，还为教师提供白板、提问等能力。

为保证课程质量，腾讯课堂会针对入驻开课的机构进行考核，综合其上课人数、准点开课率、课程好评度等进行评分，按照机构、教师的分数情况按周进行排名，对优秀的机构给予奖励。随着教育机构陆续进驻，腾讯课堂会根据不同机构的发展情况，优化扶持政策，让机构能专注为学员提供优质的课程，让更优秀的老师和教育机构脱颖而出。这样一来，由专业的教育机构提供教育课程，而腾讯课堂则负责"在线"及学员，各自发挥所长，形成正向循环，实现互利共赢。

（3）完美的运作链条

腾讯课堂打造了一条集合"教育机构—教学者—学员"三位一体的运作链条，三者相互依赖，相互监督。

1）教育机构

腾讯课堂不产生教育资源，由入驻的教育机构提供优质教育资源。因此，教育机构要先入驻腾讯课堂，入驻成功后，教学者便可以在网站上发布课程，并无偿使用腾讯课堂提供的授课工具进行讲课。

与其他互联网教育公司不同的是，腾讯课堂拥有签约QQ群，教育机构在签约QQ群和教学者后，腾讯课堂可以利用这些QQ群提供咨询、付费、讨论等一系列工作。

在正式发布课程前，签约教学者要准备好讲课材料，以及其所负责的课程和排课安排，接下来教育机构就可以发布课程了。通常，大部分入驻腾讯课堂的教育机构都会提供一定比例的免费课程，免费课程只要机构入驻成功且有签约教学者即可，而付费课程是在免费课程的基础上，还需要完善相关结算账号的信息填写以及补充收益协议的签订。

此外，每个课程都有学员之前的评价记录，之后的学员可以通过课程目录和教学者主页，了解其他相关信息后，再依据他人评价来决定是否报名。

2）教学者/助教

腾讯课堂的教学者模块主要包括四个部分，即我管理的过程、我授课的过程、我预定的过程以及已结束的课程。

其中"授课"过程的主要任务是"上课"，主要包括上课模块、语音模块和讨论模块。上课模块中，教学者会提前准备好授课资料，如讲解PPT及教学视频等，部分教学者还会播放一些音乐或一些课外段子，引导学员进入学习状态。在正式授课过程中，教学者可以通过"PPT"演示、"播放影片"等形式为学员同步展示教学课程、资料，也可以与学员共享电脑屏幕，让学员看到自己在电脑屏幕上的具体操作。

3）学员

学员端的功能相对比较简单，主要是预定课程和已结束课程。

预定课程方面集中体现了QQ在消息下达方面的优势。报名成功之后，腾讯课堂会通过QQ消息、弹窗消息、公众号和短信等多种形式提醒学员按时上课。在正式上课过程中，也可以通过语音模块和讨论模块与教学者和其他学员进行交流。

一个很有趣的现象是，其他互联网教育产品在组成授课班级之后，需建立微信群或QQ群同步信息，而在腾讯课堂上，学员可以加入经过官方认证班级群，并在群中下载教学者课程、视频等资源，用于课下的复习。

为保证平台课程的质量，也为了迅速缩小与百度传课和淘宝教育的差距，在课程引入前期，腾讯课堂会对每一个入驻机构开展相应的认证，确保该机构有开课的专业资质，并对机构提交的课程予以审核；在课程引入之后，也会根据其课程质量、上课人数、准点开课率、课程好评度等进行评分，根据评分对机构进行奖惩。

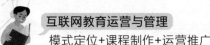

（4）坚持技术发展

腾讯课堂尽管目前发展态势很好，但也存在着很多问题。

首先，腾讯课堂作为一个互联网教育平台，通过引入外部多家互联网教育机构进行合作，学员认可的是腾讯的品牌，但无法核实机构和讲师的真实情况，很多机构鱼目混珠，什么人都能当讲师，还有的教育机构通过恶意营销的手段吸引学员，这些都给腾讯课堂的品牌造成了一定影响。

其次，腾讯课堂的授课过程对教学硬件和网络环境有很大的依赖性，教学者在课前调试设备所需时间较长，偶尔还会出现杂音或卡顿的现象，这也在一定程度上影响了学员的体验。

最后一个问题是互联网教育产品的通病，并不局限于腾讯课堂一家。腾讯课堂虽然在一定程度上已经实现了对真实教学环境的模拟，但是由于无法面对面交流，教学者依然无法对学员的学习过程进行有效的监督，对于主动学习能力较差的学员而言，学习效率就大打折扣。

出于对以上问题的重视，腾讯课堂在学员体验、精准化推荐和机构引入等方面做了很多努力，例如在精准化营销方面，腾讯课堂在2017年4月上线了CRM销售管理系统，通过学员在平台上的学习行为数据搭建了大数据模型分析，帮助机构更加快速地筛选出付费高潜学员，提升课程的销售命中率。腾讯课堂作为我国互联网教育领域的巨头之一，不管是产品方面还是技术方面，已经代表了我国互联网教育的第一梯队，在改变了传统线下教育方式的同时，也为其他互联网教育产品提供了参考和借鉴。

9.3

优学向上：
集师生、家校于一体的互动社区

优学向上是一款在线学习互动客户端应用软件，为师生、家校提供一个学习交流的平台，帮助学生更好地提升学习效率，解决遇到的困难；也让家长可以实时关注孩子动态，方便实用。这是一个本地化较强的平台，在北京地区很受欢迎，学员数量庞大。

优学向上的产品逻辑是依据社会化特征，促进教师和学员之间的教学互动。教学者和学员在使用该产品之前，就将真实的师生姓名和班级关系录入到网络班级中，教学者可以在课堂外为学员布置任务，学员也可以在课堂之外进行预习复习，所有的任务完成情况都会通过互联网反馈给教学者。

比如，教学者在不同教学环节发布学情调研活动、任务收集、在线互评等多项任务，这些任务的学习成本较低，但与传统教育课程又有明显差异。

教学者结合当天的教学内容发布任务之后，一般整个班级的学员都会通过网站或者手机端参与活动，由于能够及时了解学员们对于当天教学内容的掌握程度，教学者可以在实际授课过程中进行针对性的调整和改善。学员也可以在完成任务和在线互评等任务中加深学习印象，与其他学员分享教育资源和学习心得，这也减轻了教学者的工作负担。

因此，优学向上并不只是一个简单的家校互动平台，还是一个内容分享平台，教学者和学员所分享的教育内容可以在平台上进行自发的传播，并产生教育的核心价值。而且目标性强，主要集中在伴学这一点上，而这一点正是为了专门满足线下学校中教学者和学员的需求而设置的。

优学向上与其他教育平台不同，创始初期不需要通过斥巨资来占据市场，只经过两年便可实现营收平衡。在伴学功能获得大量学员基础后，再次推出针对学校的增值服务，自上而下地实现了2B、2C的市场拓展，2C兼顾了个人的增值服务，为教学者和学员的个性化需求提供对应产品。

与其他互联网产品相比，优学向上的总学员数量并不多，其主要市场份额还只是集中在北京地区。但由于对师生实际需求的理解非常到位，其学员黏性非常高。平均一年之内，有近40 000名师生加入日常网络互动应用。

也正是因为如此，优学向上拓展市场份额的速度既慢又快，"慢"是指与发展个人学员相对比，优学向上拓展一个学校所用的时间相对较长；"快"是指一旦成功拿下整所学校，那么学校的所有学员就可以全部成为优学向上的正式学员，而且还为后来者设置了很高的进入门槛。

优学向上提供了社会化特征的产品，为试图进入公立学校的互联网教育产品提供了一个新思路。相信不久的未来，将会有更多公立学校加入到互联网教育革命中，为学校、家长和学生带来更多更好的服务。

开课吧：打响线上职业教育第一枪

随着互联网教育的发展，互联网对就业的影响也在逐步增大，在线职业教育的发展成为教育突破瓶颈期的重要转折点。同时，国家优惠政策倾斜、学员需求的大幅度增加，也为职业在线教育提供了机遇，更是对该行业发展提出了新要求。

开课吧就是在这种背景下诞生的一个职业教育平台，于2013年8月正式上线，官网截图如图9-5所示。其主要面向大学生、在职人员群体。目的就是为学员提供职业技能提升、职业资格考试等课程，帮助学员实现可持续性的职业成长。

图9-5 开课吧官网截图

开课吧发展非常迅速，是国内首家在线职业教育品牌之一。截至2020年底，7年时间，累计付费学员已超过400万，目前月营收已经过亿元，处于行业领先地位。另外，开课吧也深受资本青睐，自成立以来，已完成多轮投资，2014年3月便获得2000万美元A轮融资。2020年8月，又获得由高榕资本和高瓴创投联合投资的5.5亿元人民币，这是新职业在线教育历史上最大的单笔融资。

可见，无论从学员的角度，还是从市场的角度来看，开课吧都有着非常好的发展前景。那么，开课吧为什么能在短短八九年间，就取得如此骄人的成绩呢？主要原因如图9-6所示。

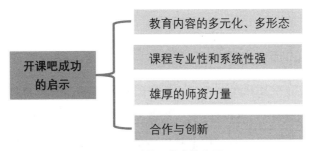

图9-6　开课吧成功的启示

（1）教育内容的多元化、多形态

开课吧的受众范围明确，它面向大学生和在职人员，根据其现阶段学历提升需求、职业发展需求来开展多领域教育内容，如提供职业资格考试、职业能力进阶、学历提升等多元化职业教育及人才服务。

开课吧提供的课程内容涵盖面广，像学历、职业资格类课程：研究生、公务员、教学者编制、事业编制、职业资格证、专本学历等职业资格课程；技术、商业运营类课程：人工智能、大数据工程、数据分析、Java、Web、Python、C++、产品经理、项目管理、产品设计等课程；职业软技能类课程：职业规划、简历优化、面试技巧、沟通协作能力等职业软技能课程。

此外，作为专注IT互联网和数字化领域的龙头教育企业，开课吧还推出了一系列个人及家庭成长学习新计划——米堆课程，该课程内容板块广泛，为学员提供兴趣爱好、兼职副业、情感心理、个人成长、理财思维等课程，满足学员职场外的多元化需求，致力于提升万千家庭的幸福感。

（2）课程专业性和系统性强

开课吧的在线课程内容是自主研发且经过实践评测的，它完全满足不同阶段学员的学习诉求，课程设计符合难度梯度要求，在教学过程中不断迭代实战项目、实战教学，因材施教。开课吧的在线教育系统支撑教学、教研和教务功能，将系统化和数字化价值最大限度地发挥出来，其产品形态多样，主要借助不同学

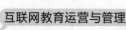
科特性来完成板块化和体系化教学设计，从而推出直播、录播、AI互动剧本、在线刷题、在线编程实验室、场景互动课程及考试训练等多元化教学产品形态。

可见，开课吧课程内容的专业性和系统性较强，是完全经得起教育市场考量的品牌企业。

（3）雄厚的师资力量

雄厚的师资力量是开课吧成功的首要因素，其平台讲师大多毕业于211、985名校，留学海归教学者占90%以上，从业经验平均在5年以上，资深教学者从业经验超过10年。开课吧在教育技术开发方面，采取"新师徒制"，往往由各学科核心人才组成教学研发团队，其中，95%以上教学者来自一线互联网企业和知名高校。

开课吧构建了导师教学、助教答疑、班主任督学的三位一体教学运营服务体系。导师负责教授课程知识，带领实操练习，保证教学品质；助教负责答疑解惑，针对学习和工作中的具体问题提供帮助；班主任负责贴心督学，跟踪学习效果，随时解决学习和服务相关问题。从学习到评测再到实践，全程有反馈，形成完整的学习服务闭环，提供全方位的服务体验，保障学习效果。

（4）合作与创新

开课吧的成功在于其始终坚持技术与内容创新。开课吧作为国内首家垂直B2C教育平台，致力于打造"严谨、先进、实用、丰富、风趣"的课程内容，坚持与全国知名的"985"大学合作，与前沿技术领域的主导企业合作，与全国著名的教育培训机构合作。

它与传统教育所固守的模式不同，其更加重视授课模式创新。凭着对教育市场的敏锐观察，开课吧逐步走出了一条独特的模式之路，前后共经历了3次模式方面的探索，从2013—2016年面向大学生和泛IT从业者的MOOC和知识付费模式，到2016—2018年线上线下结合的教育模式，再到2018年面向泛互联网人的在线新职业教育模式，并最终占领战略高地。

开课吧采用O2O混合模式教学法，线上学习通过全媒体在线教育云平台，集合了教学、导学和评测等全过程混合式学习体验。线下学习则借助慧科教育线下的高校资源，在特定时间，让教学者由线上走到线下，进行面对面指导。由此，线上学习与线下考试相结合的模式，大大提升了教学效果。

总体来看，开课吧作为职业教育的典范，紧抓学员需求"痛点"，依托高品质技术和一体化教学体系，使学员无须脱产学习，只是利用碎片化时间，便能够实现自我增值和个人成长。尽管开课吧的成功不可复制，但其成长路径和发展经验，依旧为万千教育企业指明了方向，而开课吧在激烈的市场角逐中，既要保留自身特色和优势，更要勇于探索创新，实现结构内容革新、提升教学质量。

9.5

达内教育：主攻IT的职业教育平台

达内教育成立于2002年，专注于中高端软件人才培训，如图9-7所示。其总部位于北京，在北京、上海、杭州、南京、广州等40多个大中型城市开设了140多家中心，员工多达6000名，凭借着雄厚的技术研发实力，过硬的教学质量，成熟的就业服务团队，成为IT界的领军品牌，近20年获得了大大小小的各种教育奖项。

图9-7　达内教育官网截图

同时，与国内上万家IT企业完成人才合约，实现人才输送。经过数年运营，达内在多伦多及国内30个大城市，建设了50个分中心，拥有近20000平方米的培训场地，几千名学员同时在校学习。

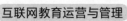
那么，达内教育是如何发展成为国内IT教育的领头企业，其成功之路又为创业者提供了哪些宝贵经验或启示呢？如图9-8所示。

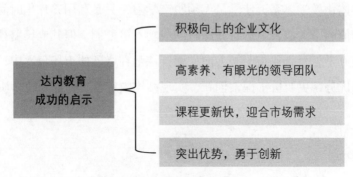

图9-8 达内教育成功的启示

（1）积极向上的企业文化

构建健康的企业文化，是达内教育不变的信仰。达内教育专注于在线职业领域，达内的企业文化内容可总结为"诚信、创新、开放与合作"。诚信指产品诚信、对学员诚信和对员工诚信，创新包括产品创新、技术创新和销售模式创新，而开放与合作则指企业内部成员、企业与其他合作伙伴和谐共处的关系。这几个简单的词完全概括了达内企业文化的核心价值观，也是达内不断拼搏前进、占领高地的关键因素。

（2）高素养、有眼光的领导团队

企业文化和创新精神固然重要，它好比是企业的血与肉，那么企业的核心领导者便是灵魂所在。领导者不但要掌控好全局，而且要把握好每一个落脚点，一旦出现失误或疏漏，就有可能被市场淘汰。

同为在线教育的品牌企业，小马过河就没能挺过激烈的市场竞争，最终以破产失败告终。其创始人许建军在深刻反思公司经营失败原因时提到，公司的发展导向与其领导层所做出的决策、管理水平密切相关，他因为不善于经营管理，导致线下各大平台盲目扩张，同时线上的转型造成了资金断流，以致发展到如今的局面。其实，在线教育行业中类似这种情况还有很多。

达内教育正是吸取这些失败经验逐步成长起来，为领导达内教育走向成功，达内领导层经常去考察一些投资公司，如果公司领导、CEO的管理能力不行，那在做出战略决策时，可能欠缺合理性和科学性，仅仅指望请职业经理人来把这个公司搞好，那肯定是行不通的。为此，达内的CEO经常会深入一线，在公司出现运营难题时及时解决，在具体的管理实践中寻求创新。

（3）课程更新快，迎合市场需求

达内教育作为IT职业在线教育的高端品牌，格外重视课程的数量与质量开发。为满足学员多元化需求，达内课程更新换代的速度较快，通常是"每季度一更新，半年一小改，每年一大改"，课程与教学的与时俱进是达内教育在行业立足的基础。此外，达内教育涉及的领域广，开设课程数目较多，不论是大学刚毕业对前途感到迷茫的年轻人，还是身处职场遇到职业生涯瓶颈的职场人士，以及对编程感兴趣想要提前学习了解为以后打基础的青少年，都可以在达内教育找到适合自己的课程。

达内教育注重学员服务质量，拥有特色十年服务计划，该计划分为课程开源、职业机会共享、圈层开放、孵化创业项四大板块，是为了满足学员不断提高自己的终身化学习需求，为学员提供更加优质的服务。学员毕业后通过持续的学习，可以保证技术的先进性，与快速发展的互联网行业与时俱进。

（4）突出优势，勇于创新

达内教育的创新精神是行业内人士有目共睹的，在远程教育还未兴起时，就率先运用远程同步教学模式授课，降低成本提高效率。达内的模式创新包含三层内容：首先是"先学习，就业后付款"的服务模式，依靠企业信誉吸引大量学员关注；其次是达内教育的市场规模拓展速度快、范围广，于2014年就上线美国市场，通过扩大市场来提升企业实力；最后是营销模式和业务规模创新，铺货速度快、渠道广，当前达内已经在国内建立了140家培训中心，如同一张巨大的物理网络通道，覆盖着40多个城市。

例如，达内教育在制作少儿编程课程时，先要调查市场内同行业竞争对手有多少家，假设有50家，那达内为获得较大的市场收益比重，就必须将其业务做到行业内平均值的10倍以上。这并不是说达内团队人员或产品优势有多强，而是利用达内现有的物理网络不断地增设中心点，由现有的7000名员工组成一个有机的体系，在我国的47个城市管理着147个中心。如果一个城市建一个中心就有47个

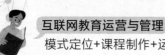

少儿编程中心，建2个中心就将近100家，那么，这个竞争力是非常巨大的。

达内在市场营销模式方面也进行了创新，自2006年开始就采用赊销的方式进行招生，也就是"零首付、低押金、就业后付款"，这种创新模式，打破了长久以来培训机构"先交钱后学习"的市场惯例。虽然这种模式有些冒险，但市场反馈的确令人欣喜。

9.6

EDX：境外高等教育平台

EDX是由麻省理工和哈佛大学联手创办的一个在线教育平台，成立于2012年4月，面向全球大学生提供多种免费课程。最初目的是配合两所高校内的教学工作，实现资源共享，互通有无。后来，其影响力日益扩大到全球范围，越来越多的知名高校加入其中。其中，亚洲的大学就有15所，包括清华大学、北京大学、香港大学、日本京都大学和韩国首尔大学等名校。

最终，EDX成为一个享誉全球的在线教育平台，全球的学员都可以享受优质免费的教学。

（1）高质量在线课程，满足学员多样化需求

EDX赢在领域资源的广泛性和权威性，而且在课程质量与内容方面也彰显出新优势。如EDX在线教育平台应用具有课堂环境真实可观感、学习日程自主可控制、注重线上线下交流沟通与证书满足多样化需求等特点。

（2）教育模式辐射力较强，学习场所不受限

EDX是一种辐射力极强、涉及数十亿在线学员的新型教育模式。这种模式可以促进知识的传递，学习的场所并非学校校园，而是居家、公司、娱乐等各种场所，从而实现各级教育的发展，其领域涉及科普、文化、艺术、体育和传媒等。

（3）教学方式灵活

EDX是一种有效和灵活的教学内容补充和完善渠道。如今，各大高校僵化的

大学管理模式，使得教学方法和课程内容更替远远跟不上高科技、新理念的快速发展，这一网络大学模式将方便文科生学点数理知识、理科生读点社科内容，成为高等教育文理学科柔性结合、专业优化的良性互动界面。

EDX因免费、公开等优点，赢得无数学习者的喜爱与青睐，足不出户就可以观看到全球名校课程。具体的使用流程如图9-9所示。

图9-9　EDX的使用流程图

EDX教学平台界面简洁明了，如图9-10所示，学员只需要按指定的步骤去做，成为会员，然后直接搜索想要学习的课程，就可以轻松完成学习任务。

图9-10　EDX教学平台官网界面截图

需要注意的是，在具体的学习过程中会存在一些问题，这些问题可能会阻碍正常的学习。这些问题主要体现在两个方面。

1）跨文化语言交流问题

EDX是一个境外网络学习平台，以英文教学为主，对国内大部分人而言，英文教学是一大障碍，没有较强的英文基础，在学习和交流中势必会遇到各种困难。如果有外语的普及推广，这里又涉及授课、媒介和教材的翻译等问题。由于文化和价值观念的不同，教学内容是否被国人完全接受，这也值得商榷。

2）商业利益问题

EDX以免费教育为主，其成本投入和商业利润等问题值得关注。像后期的证书收费、指定教材、隐性广告和品牌效应等，都会给当地教育的发展带来不小的冲击。

可见，在推广和运用EDX的教育模式时，有关部门应组织同类模式的网络大学进行参与。以我国为例，清华大学和北京大学等著名高校应当率先开发同模式网络大学，从而引领高等教育改革新潮流，让学子们真正学有所得，并非简单地学习几门课程，而是要开创教育发展的新局面。